俯身与学生对话

——中学班主任非暴力沟通随记

陈立军 著

湖南师范大学出版社

图书在版编目（CIP）数据

俯身与学生对话——中学班主任非暴力沟通随记／陈立军著. —长沙：
湖南师范大学出版社，2019.5
ISBN 978 - 7 - 5648 - 3465 - 4

Ⅰ.①俯… Ⅱ.①陈… Ⅲ.①中学—班主任工作—文集 Ⅳ.①G635.16 - 53

中国版本图书馆 CIP 数据核字（2019）第 041281 号

俯身与学生对话——**中学班主任非暴力沟通随记**
Fushen yu Xuesheng Duihua——Zhongxue Banzhuren Feibaoli Goutong Suiji

陈立军 著

◇责任编辑：赵婧男
◇责任校对：李 航
◇出版发行：湖南师范大学出版社
　　　　　 地址/长沙市岳麓区 邮编/410081
　　　　　 电话/0731 - 88873071 88873070 传真/0731 - 88872636
　　　　　 网址/http://press.hunnu.edu.cn
◇经销：湖南省新华书店
◇印刷：长沙印通印刷有限公司
◇开本：710mm×1000mm 1/16
◇印张：14.75
◇字数：220 千字
◇版次：2019 年 5 月第 1 版
◇印次：2021 年 10 月第 2 次印刷
◇印数：3001—4000 册
◇书号：ISBN 978 - 7 - 5648 - 3465 - 4
◇定价：32.50 元

非暴力沟通，一种教育生命的美学（代序）

立军老师是我的徒弟，也是我近几年往来互动频繁的一位年轻朋友。比较全面地了解她，是从我主编"班主任百篇千字妙招（妙文）"系列丛书开始的。这套丛书已经由享有盛名的华东师范大学出版社北京分社的大夏书系出版了 12 本。立军奉献出一篇又一篇精品文章，于是我对她的教育智慧和才华有所了解。

2016 年由福建教育出版社出版了我主编的《31 位名班主任精神修炼之旅》，这本书深入地分析研究了 31 位名班主任如何成长为全国知名班主任的经历，尤其是他们各具特色的精神修炼的方式和方法。我认为，班主任只有修炼好自己的精神，才能完成用自己的知识丰富学生的知识，用自己的智慧启迪学生的智慧，用自己的高尚思想品德熏陶感染学生的思想品德，用自己的情感激发学生的情感，用自己的意志调节学生的意志，用自己的个性影响学生的个性，用自己的心灵呼应学生的心灵，用自己的灵魂塑造学生的灵魂，用自己的人格塑造学生的人格……这样的艰巨任务。

这本书收录了她撰写的《做学生的天使，尽享教育的幸福》一文，让我对她的精神修炼有了比较深刻的了解。

立军处于"不惑之年"，她在奋力"夯实精神修炼之旅的根基"，在经历了许多疑惑、彷徨、振奋、欣喜之后，是沉思，是恍然大悟……历经事业磨刀石的磨砺，多了沉稳，多了冷静，多了理智，多了责任心，把外在的东西变成内心的能量。她有理想，而不妄想；有愿望，而不奢望；有作为，而不妄为。

她云淡风轻，平和平易，不断创造奇迹，更坚定了做学生的贵人，让教育走进心灵、让学生心田开满鲜花的决心。

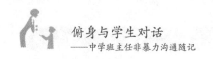

她更加明白自己从事的事业的高度——为现代社会培育最优秀的公民；广度——让脉脉书香充盈学生的精神家园；温度——倾情走进每一个学生的内心世界；厚度——让积累反思改变自己的行走方式。

摆在我面前的这部书稿，诠释了她近年间精心全心研究的主题"非暴力沟通"，她开始更深刻地思考重要的课题——怎样用文化确立灵魂的高度；怎样崇尚智慧的教育，探寻教育的艺术；怎样用生命唱响爱的乐章……

"宝剑锋从磨砺出，梅花香自苦寒来。"几年来，眼看她主持长沙市班主任工作室，眼看她和工作室的老师们一道以非暴力沟通为思考点研究班主任工作，眼看她一寸一寸地深入非暴力沟通的肌理及骨髓，又一点一点地将非暴力沟通的原理与精髓运用到班主任工作当中，细水长流，静水流深，水到渠成，眼前是她寄给我的书稿《俯身与孩子对话——中学班主任非暴力沟通随记》。

读完她的书稿，深感她的非暴力沟通做得很够味也很到位。

不信，请翻开书，看看她和学生交流沟通的教育故事，你会感动于对话的温暖与亲切。她跟孩子的沟通方式，既人性又独特。有时她与学生的对话是"王顾左右而言他"，回避"哪壶不开提哪壶"，促孩子们自省自悟（见《相遇对与错之外的那片田野》），这味道，有点甜；有时她和学生做游戏，借游戏形式在师生、生生之间进行一次体会感受，表达需要的心灵沟通的过程，从而走进孩子的心灵（见《一次走心的游戏》），这味儿酸中带甜；有时她则温柔地坚持，持续地跟进，像盐溶于水一般全身心进入孩子的世界，做孩子的知音和贵人（见《做生命的盐》），有着湘妹子的辣味和甘甜……读着读着，就真真切切地感受到，不管是哪种味儿，都融入了爱的味道，这种爱里有彼此的尊重、相互的理解和由衷的互助。

同时，立军老师将非暴力沟通也做得很到位：

从编排来看，除序论让我们了解了非暴力沟通的内容概要以及她和她的团队对非暴力沟通的思考探究外，第一部分个案篇，有若干非暴力沟通的经典个案，这些个案，所写全是她自己的亲力亲为，所见所感，在娓娓道来中，形象可感。立军老师作为一个践行者，很到位。第二部分是班会篇，表面上是一系列班会活动，但又不同于一般的班会，这些班会是学生贴着阅读而产生的思考，贴着生活而写就的创作，学生全员阅读参与，学生分组制作主持，在"摸爬滚打"中，"如何爱"自是体会不浅；从精彩片断及学生感言中，尤能看到学生在此过程中内化并升华了"为了生命的觉醒、自由与成长服务"的爱的理念和爱的情怀。立军老师作为一个引导者，很到位。第三部分是心得篇，从爱自己到爱学生，从关注需要到聆听心声，最后归结到慢慢来：（非暴力沟通）也许极近，却是很远；貌似简单，其实艰难；经由内里，转向外面……一切的一切，得慢慢来。立军老师作为一位思考者，很到位。

打破既定的编排，从内容来看，我们可以看到三方面内容，首先是怎样应用非暴力沟通模式去表达；其次是我们怎样应对来自别人的暴力语言，巧化干戈为玉帛；最后是我们怎样用非暴力沟通模式和自己交流，与自己建立和谐的关系。既有非暴力沟通方法上的指导和理念上的阐述，又有自我与他人，自己与自己相处之道的案例和心得的分享，很到位。

从这些够味与到位中，我读到了：

第一，非暴力沟通是一种沟通的美学。让我们看到了"不是我们'对'别人说了什么，而是我们'跟'别人说了什么"的如切如磋如琢如磨。

第二，非暴力沟通是一种教育的美学。这份教育的美，在于"'理解'从我这里出发，'理解'又回报于我"。在于"我会问自己，你不是照亮黑暗的蜡烛，不是倾尽心力的春蚕，你都不是，你只是一位平凡的陪伴者，亲切而温暖，仅此而已"。这份教育之美，在于以真诚和友爱为基础的人际关系，在于关注并满足彼此的需要，达成个体的生命觉醒和自由成长，创造了一个新的教育世界。

第三，非暴力沟通更是一种生命的美学。美在它引导我们看见每一个生命，用一种喜闻乐见的方式关爱彼此生命，没有高下，没有对错，只有活泼的生命个体存在。它所诠释的生命美学，用鲁米的一首小诗表达即是：

有一片田野

它位于

是非对错的界域之外。

我在那里等你。

当灵魂躺卧在那片青草地上时，

世界的丰盛，远超出能言的范围。

观念、言语，甚至像"你我"这样的语句，

都变得毫无意义可言。

这所有的所有，最美在于学生的理解与到位，因为，教育"是一棵树摇动另一棵树，一朵云推动另一朵云，一个灵魂唤醒另一个灵魂"。师者摇动、推动、唤醒了一个又一个的学生，是世间最美的生命美学。

当然，也在于你的到位，作为读者的你，如果你看见了，我想非暴力沟通离你也不远了，教育的美、生命的美离你也近了。

张万祥

（享受国务院特殊津贴专家，德育特级教师）

序

当我们提问一位老师：你暴力吗？一般的回答可能是：我怎么会暴力？是的，一般老师都不认为自己会跟暴力扯上关系。可是，只要我们稍微留意一下自己、同事，甚至是优秀教师的日常谈话方式，用心体会各种谈话方式给我们的不同感受，我们一定会发现，有些话确实伤人！言语上的说教、否定、指责、嘲讽以及任意打断、拒不回应、随意出口的评价和结论给我们带来的情感和精神上的创伤甚至比肉体的伤害更加令人痛苦。这些无心或有意的语言让人与人变得隔膜、冷漠甚至敌视。这就是我们常说的语言暴力。这种语言暴力，虽然很可能是出于教师的"善意"、"无意"甚至是基于"教育使命"，但对学生的情感、意志、心理与认知发展有很大的负面影响，严重的还会导致学生心智失常，丧失生活勇气，引发厌学、逃学、违法犯罪、自杀等严重恶果。

语言暴力现象或隐或显地普遍存在，在学界引起了广泛的重视。北京师范大学心理学教授邹泓说，"同伴或老师实施的语言伤害，会给孩子的心理上投下一种阴影……"很多媒体也报道说，语言暴力正在困扰着学校中的孩子们，它成了中国教育的一大新问题。

对此，我也有着深刻的感受，常想：有没有一种有效的沟通模式可以使交流的双方情意相通，和谐相处，充满着爱意与温暖呢？

（一）与非暴力沟通的相遇之美

2013 年 3 月，我主持了长沙市德育（班主任）特色工作室后，就开始思考工

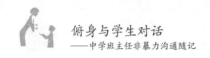
作室的特色定位。主题班会，理想前途教育，责任感教育，生涯规划教育……虽然这些内容都有它们的现实可行性，但都被我一一否决了——我认为它们都体现不出工作室的"特色"。特色应该是人无我有、人有我新的东西。让我心动的"特色"会是什么呢？近半年时间，我一直在寻找在思索。2013 年 8 月，在参加心理咨询师考级培训时，很偶然地接触到了"非暴力沟通"，第一时间买回了马歇尔·卢森堡的《非暴力沟通》一书，很快读完，感觉我长久酝酿苦苦思索的"特色"就在这里，便心生了将"非暴力沟通"作为工作室研究课题的想法。

工作室有来自长沙市及周边县市的 26 所学校的 34 位初高中班主任或德育工作者，将某个内容作为共同的研究主题，是必须慎之又慎的。在请教了让我接触到"非暴力沟通"的授课教师徐军老师后，在百度"非暴力沟通"只收获了寥寥的资料后，在与《非暴力沟通》的翻译者阮胤华老师交流沟通后，在与工作室的名师团队商量讨论后，我们决定先让所有学员阅读《非暴力沟通》一书，如果大部分老师觉得好，再将"非暴力沟通"作为工作室研究的主题。2013 年 9 月 11 日在新学期工作室第一次例会上，我们给所有学员发了一本《非暴力沟通》，许多老师在阅读后觉得"非暴力沟通"是一种关注生命、呵护心灵的颇具操作性、实用性的沟通模式，如果学以致用，"能够疗愈内心深处的隐秘伤痛；超越个人心智和情感的局限性；突破那些引发愤怒、沮丧、焦虑等负面情绪的思维方式；用不带伤害的方式化解人际间的冲突；学会建立和谐的生命体验"。于是，在 2013 年 10 月的工作室例会上，宣布将"非暴力沟通"确定为工作室研究的主题。

我向老师们介绍关于非暴力沟通国内外的研究现状：

非暴力沟通是 Nonviolent Communication（简写 NVC）一词的中译，又称爱的语言、长颈鹿语言等，由马歇尔·卢森堡（Marshall Rosenberg）于 1963 年提出。1994 年，联合国儿童基金会（UNICEF）将 NVC 引入前南斯拉夫的学校中，2003 年，联合国教科文组织（UNESCO）将 NVC 列为全球正式教育和非正式教育领域非暴力解决冲突的最佳实践之一。除了在教育领域的运用外，NVC 还被广泛运用到世界各地不同层面不同环境中去预防和解决冲突……

在国内，《非暴力沟通》于 2009 年 6 月由阮胤华老师翻译成中文并出版，此后，非暴力沟通以工作坊的形式在社会上开始推广，主要运用于心理咨询和家庭教育领域。如黑龙江哈尔滨的代兵老师、河南商丘的徐冉老师、北京的阮胤华老师和田福老师等都在致力于非暴力沟通的运用与推广，帮助许多有心理问题的人员或家庭回归了正常人群。在学校教育领域，对教师特别是对中小学教师而言，非暴力沟通还是一个相对陌生的名词。知网以"非暴力沟通"为主题词搜索的相关内容，只有很少的几篇文章，如北京师范大学教育学部董阳老师的《非暴力沟通——一种师生沟通的新视角》，华东师范大学心理与认知科学学院崔明洁老师写的《非暴力沟通——一种高效的沟通方式》，青岛职业技术学院旅游与国际学院的张韶老师写的《非暴力沟通模式在实境项目教学中的应用研究》等，显然，非暴力沟通还没能推广到中小学班主任（德育）工作的研究领域。如果我们能系统地学习并深入探索非暴力沟通理念及模式，将填补中学班主任非暴力沟通乃至中国教育界非暴力沟通研究的空白。更重要的是，如果我们能根植非暴力沟通的思想观念、思维习惯，能熟练运用非暴力沟通的技巧，我们就能学会如何褪去隐蔽的精神暴力，加强充满爱意的沟通，享受教育生活的和谐与美好！

我也向老师们解读了非暴力沟通的精髓——

1. 非暴力沟通理念：注重以人为本，强调自我实现

非暴力沟通（NVC）是美国著名的心理学家马歇尔·卢森堡博士提出的一种全新的沟通理念。在马歇尔看来，所有的东西都是为生命的觉醒、自由与成长服务的。因而，非暴力沟通主张将"更接近于我们天性的思想、语言和沟通融于一体，帮助我们与他人联系，以便我们回归真正有趣的使得人生丰盈的生活方式 ——为自我和他人的幸福做贡献"。换句话说，非暴力沟通以人本主义为理论基础，把人看作是一个形成的过程，一个通过自身潜能发展而获得价值和尊严的过程，主张关注每个人内心深处的自我成长和自我实现的需要。在教育的视域下，这种需要，

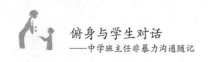
不仅是学生自我成长的需要，也是教师自我实现的需要。

2. 非暴力沟通策略：关注四个要素，强调彼此体贴

为了彼此能乐于互助，非暴力沟通专注于四个要素：观察、感受、需要和请求。

（1）观察——不带任何评价

不带评价的观察是非暴力沟通的第一步。我们此刻观察到了什么，不管是否喜欢，只是说出对方所做的事情，清楚地表达观察结果，不判断或评估。做到这一点很困难，连印度哲学家克里希那穆都说"不带评论的观察是人类智力的最高形式"。如"我看见你上课时趴在课桌上"，这是观察；"我看见你上课时在睡懒觉"，这是评论，学生听来就会觉得是在批评他而可能反驳我们。

（2）感受——体会感受及其根源

心理学家罗洛·梅认为："成熟的人十分敏锐，就像听交响乐的不同乐章，不论是热情奔放，还是柔和舒缓，他都能体察到细微的起伏。"一个人难过伤心或是愤怒的时候，往往疏于表达自己的感受，主动或被动忽略、压抑自己的感受，一味寻找自己或他人的不是，用一些负面的想法代替感受，从而深深自责或指责他人，结果是不能理解他人或不被他人理解，当然也就无益于问题的解决。一事当前，我们需要在了解自己内心的感受后向学生表达真实感受，并体会和倾听学生的感受。只有真切地感受，才能产生心灵的沟通，带来一种本真状态的交流，让师生的生命产生共鸣。

（3）需要——关注双方的需要

我们的社会文化不鼓励我们表达个人需要，觉得是一种自私的表现。非暴力沟通把需要看作是有助于生命健康成长的要素。一种要素是否被当作需要，关键在于能否促进生命的健康成长。面对班级管理问题，自责只会引起自我愧疚和后悔，指责他人则会导致申辩与反击，感受会以一种破坏性的方式被利用，无益于事情的解决。只有当我们从自责或指责对方的泥潭中拔出来，选择关注自己和他人的需要，关注彼此内在鲜活生命的连接，才能真正做到体贴与包容，才有可能找到

健康的解决之道。

（4）请求——具体明确可选择

请求是表示我们想要什么，而不是我们不想要什么。因而，提出请求，就要清楚地告诉别人你希望他做什么。特别需要指出的是，非暴力沟通的目的不是要改变别人和他们的行为，使之符合我们的标准或要求，而是要建立以诚实和友爱为基础的人际关系，最终满足每个人的需要。因此请求与命令的根本区别在于，对方没有做我们请求的事时，我们对待他们的态度是："命令"是非做不可，不做我们就"脸色难看"，选择做也是基于逃避惩罚、内疚等原因；"请求"是这个人可做可不做，选择做不是为了逃避惩罚，而是发自内在的善心，是"出于为他人的幸福做贡献时感受到的自然喜悦"。

从以上内容可以看出，非暴力沟通作为一种精神性的实践活动，以"觉察"来友好沟通，觉察自我的感受和需求的同时理解他人、理解自己，既诚实、清晰地表达自己，又尊重与倾听他人，用心体会他人的感受和需要，达成自我与自我、自我与他人的和解，使彼此情意相通，乐于互助。

这一交流策略，特别适合于应对当下师生关系日趋紧张的教育现实，能够放缓班主任的教育节奏、拓宽班主任的教育空间、提升班主任的教育质量、构筑愉悦的教育心境和环境。

这两方面内容的介绍，让老师们进一步了解了非暴力沟通至简之大道以及这一研究主题的意义与价值，从而更有兴趣更具持久力地共同探索与研究。

（二）对非暴力沟通的实践之美

将研究主题定下来后，我请老师们再次深入阅读《非暴力沟通》一书并要求结合实践写阅读感悟，请徐军老师给我们串讲《非暴力沟通》以便更明晰主要内容和精髓所在，从网上下载非暴力沟通方面的视频音频供老师学习，去阮胤华老师的"非暴力沟通"工作坊接受指导，组织老师们书写非暴力沟通的教育故事和

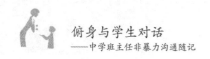

教育反思，以"沟通"为主题词上主题班会课，以《非暴力沟通》各章节为序开展每半个月一次的网上研讨等，从不同维度，以不同形式深入下去，拓展开来，帮助老师全方位地了解并践行非暴力沟通的思想与理念，原则与方法。特别是网上研讨，要求老师们研讨前围绕问题思考并写成案例；研讨中提交案例、交流讨论、各抒己见，名师团队参与点拨指导，有时还会请高校老师参与指导，如浙江师范大学的王俏华博士就曾参与我们的交流讨论，在见仁见智中常常碰撞出激烈的思想火花；研讨后再修改案例，提交作业。这一研讨过程，使老师们在阅读、实践的基础上有了一个彼此交流和名师指导的平台，有了一个自我反思与提升的机会，老师们都觉得受益匪浅。因高频率的阅读、研讨与实践，再阅读、再研讨与再实践，在短短的一年时间里，老师们已根植非暴力沟通的理念与思想，基本掌握非暴力沟通的要领，并能将非暴力沟通的原则与方法较好地运用到班主任（德育）工作中。2014年5月，我们以非暴力沟通为切入点，成功地申报到了省级课题"中学班主任语言暴力消减路径研究"，省教科院又推荐此课题成功地申报到了教育部的重点课题。因教育部重点课题的助推力，我们对非暴力沟通的研究钻得更深，探得更远了。

在将非暴力沟通运用到班主任的工作实践中，我们发现，我们可以在四个层面上与生命连接并达成生命的美好，成就教育的美丽。

1. 发现与超越：超越既定的教育环境、教育理念的限制，学会用新的眼光、新的心境来观察和感受学生，发现教育内在的广阔空间。

受制于日常的教育体制、教育环境和教育理念，我们难免心有所执，遮蔽了我们原本澄澈的生命之眼，教育管理难免会出现褊狭乃至功利的一面。非暴力沟通的第一要素是不带评价的观察，从这一要素出发，非暴力沟通能够引导我们超越原有的教育视野。

这是周春梅老师在课堂上观察到的一个事实：

他又低头看书了。最近一个星期的课上，发现有个学生多次埋头看其他书。

我装作无意走近他，发现课本下压的是《鲁迅杂文选》。沉浸在鲁迅作品之中，他的感觉很好；但作为教师，还是希望他能听讲。提醒过他一两次，他仍是着迷，我暂时不干预他。

这是一种不带评价的观察。周春梅老师没有常见的评价，也没有任何干预。在心平气和地观察的基础上，她打开了思路，有了不一样的思考：这位学生上课不听讲，悄悄读鲁迅，会有哪些原因呢？由此周老师分析出了四五种可能的原因，根据这些可能的原因，她领悟到："如果教师认为只有通过自己的课堂，学生才能学好语文，是可笑的自负。我的教学会比阅读鲁迅作品更有价值？我的教学必定是最有效的？"也因此，她发现了学生学习的另一面，一种更美好的学习状态：

这位上课读鲁迅杂文的学生，他的朗诵富有激情，他的作文总有自己的见解，表达也有特色；他课外活动很丰富，他的摄影和绘画都"有两下子"；更重要的，是他上课看课外书从没妨碍他人……很多时候，他也能聚精会神，倾听我和同学们的交流，也曾提出过有价值的问题……

在这一事例中，教师首先进入一种不带任何评价的观察之中，并因此超越了一般的教育理念与教育视野，发现了另一个更为广阔的教育空间，为真正的教育留下了空间。这就是非暴力沟通的观察在实践中的作用与魅力。

2. 感受与共鸣：在一个更为开阔的生命空间、教育空间来观察、感受以及实践，师生之间才能产生真正的交流与共鸣，使"一朵云推动另一朵云，一棵树摇动另一棵树"的真正的教育成为可能。

作为教师，我们应该认识到：只有超越既定模式与局限的观察，真实而细腻地感受，才能连接师生双方的生命。这种连接，会把班主任带到一个更广阔的教育空间来观察、感受和行动，也会把学生引向更为开阔的生命空间。这是我班主任生涯中经历过的一件小事：

某年 6 月，班里的一个学生中午在电玩店玩游戏时，被教育处老师逮了个正着。教育处老师要他找班主任，并请班主任叫家长领他回去。当这个孩子低垂着

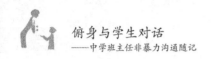
头走进我的办公室，告诉我是因为上午考试没考好，心情郁闷，想玩一下电玩放松放松，结果被教育处的老师逮着。我能感受到孩子被逮着后雪上加霜的心情，于是我选择了雪中送炭：老师能感受到你此时此刻内心的后悔、懊恼和郁闷。与听我唠叨说教相比，给一个自由的时间和空间让你自己去想想也许更好。恰好教育处主任要你回去半天，老师也不好违令。父母工作忙，就不请他们过来了。你就自个儿回去，把今天发生的事跟父母说说……下午五点左右，这个孩子发来了长长的短信：

陈老师，我要向您道歉……让我惊奇的是，对我的错误，您非但没有大声训斥，还让我坐下，并为我倒水开风扇，当时我心中的愧疚感实实在在地被放大了数倍……从小至今，我们犯了错误，都是师长们横加指责或斥骂。而您的做法不一样。谢谢您，我再不会犯了。对了，回家后，我跟妈妈坦诚交代了今天发生的事，她说她高中时也曾因作弊记大过一次。我真没想到！不过，这才是人生呐……

人际交往的白金法则是：别人希望我怎样做，我就怎样做。当时，我做了一件孩子最希望我做的事情——感受并理解孩子当下的心情与行为。因为尊重了学生的感受，用坦诚的心态接纳了孩子的行为，给了孩子自我教育的时间和空间，孩子才真正生发了自我成长的力量。同时师生之间产生了良好的互动与共鸣，深化了师生的情感交流，让这一"电玩事件"成就了一次真正的教育。

非暴力沟通指导我们感受孩子的感受，用同理心连接孩子的心灵，把心低下来，才能仰望天空，"一朵云推动另一朵云，一棵树摇动另一棵树"的真正的教育，才会成为可能。

3. 需要与实现：班主任与自我内在的生命连接，坦然面对自己的局限，对自我多一分悦纳、肯定和欣赏，在自我的局限中学习，在班主任工作中获得真正的自我实现。

班主任首先是一个人，像其他个体一样有七情六欲，有喜怒哀乐，其情绪具有复杂性和不易操控性；班主任工作的对象——每一个学生都是复杂的生命个体，班主任即使对每一个学生的个性、脾气、性情、兴趣等都了如指掌，但也有可能因为某一特殊原因如亲子矛盾、同学关系、身体状况等而"表错情，达错意"；同时，社会上功利主义的盛行，学校家长对学业成绩的片面追求，自身名利心的驱使……都可能使班主任出现紧张、焦虑、烦恼、暴躁、愤怒等情绪状态，从而自怨自艾，自我责备，自我惩罚，降低或丧失工作乐趣，甚至产生职业倦怠。

非暴力沟通将帮助班主任发展和提高自尊，关照内在的自我，接纳自我的不足，认可自身的意义、价值和力量。

如一位班主任看到班上有十多个学生在大扫除后仍在教室自习，便用红粉笔在黑板上写下这些同学的名字和热情赞扬的话语："表扬大扫除时间留在教室自习的同学。努力有层次，奋斗无止境！这才是我们学习的榜样！"结果在短短两分钟时间内那些被表扬的孩子一个个上讲台擦掉了他们的名字，震惊的班主任第一时间与自我的需要连接：我需要尊重，学生这一行为显然对我不够尊重。他们不够尊重我的行为背后有怎样的需要呢？于是选择了主动与学生交流并了解了学生的感受和需要：我们感到老师您的赞扬意在操纵我们，我们不想被操纵。今天我们留下来是想早点完成作业好腾出时间在晚自习前洗澡洗衣服。今天被您表扬了，如果下次我们这个时间没有在教室自习，我们担心可能被您批评。班主任细想，自己确实想操纵他们分分秒秒投入学习之中。自己的这一做法违背了非暴力沟通理念下的"赞扬的动机"："表达赞赏只是为了赞扬他人的行为提升了我们的生活品质，而不是想得到任何回报。"班主任这才意识到自己的局限：对学生的表扬功利色彩太浓，未曾了解学生的内心世界，这种"功利"也不符合学生身心发展规律。

这种与自我的连接，使班主任远离了自怨自艾、自烦自恼，接纳了自己的不足，理解了学生的行为，明白了如何不带目的真诚地赞扬学生，肯定自己从中所受到的教益，所得到的成长。

4. 觉醒与自由：班主任与学生建立丰富的生命连接，最终完成班主任工作模

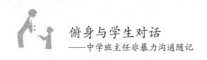
式的转变，促进师生双方生命的觉醒、自由与成长。

雅斯贝尔斯曾说，"通过语言，人可以创造一个世界，因此在人与周围的存在之间增加了一个由语言所独创的世界"，非暴力沟通并不以改变别人，使之符合我们的标准或要求为宗旨，而是希望建立以诚实和友爱为基础的人际关系，满足每个人的需要，达成个体的生命觉醒和自由成长，创造一个新的教育世界。

《当"三好"变成了"一好"》这一案例能对此很好地加以诠释：

今天 G 老师宣布了三好学生的评选办法：按学校的规定，我班可评 15 名三好学生。我主张，按三次联考的综合成绩来定，排名前十五的便是三好学生。"三好"变成了"一好"，太霸道，也太荒唐！

班主任从学生周记中看到这段话，一整天闷闷不乐，一想起心里就像吞了一只苍蝇一样特别难受。甚至想，这种学生，得给些颜色给他看看。但痛定思痛，又觉得学生说得没错，自己太主观，太专断，以"一好"定"三好"，的确不妥。心里承认之后怎么办？ 班主任还是非常勇敢地找到这位学生，没有责备，没有训斥，而是坦然承认了三好学生评定方式的武断，表示了对这位学生的感谢，并表达了希望把班主任工作做得更好，希望学生都能尊重她，喜欢她的愿望。学生也觉得自己言辞过激，也道出了如此言语背后所夹杂着的自己没有评上三好学生的不满情绪，感谢老师的宽宏大量。师生最后商量，决定在班上重选，从成绩排名前三十名的同学中评选十五名三好学生。事情得以圆满解决。

事后，班主任反省：因为内在的这份觉醒，最终改变了自己独断专行的工作方式，代之以尊重、民主的方式，与学生的生命建立了有效的连接，师生双方都有了反思、觉醒和成长。生长了对于学生发展而言的关怀与培养之德，对于工作实践的研究与创造之德，对于个体的自我愉悦与成长之德。真正的教育不是学生单方面的学习与进步，而是师生之间的共同觉醒、转变与成长。

德国著名哲学家雅斯贝尔斯在其名著《什么是教育》一书中曾说："教育是人与人精神相契合，文化得以传递的活动。而人与人的交往是双方（我与你）的对话与敞亮"，"任何中断这种我和你的对话关系，均使人类萎缩"，使教育变得无效乃至充满负面效果。非暴力沟通就是立足于开放、敞亮、宽阔的精神原野上，反对语言暴力、行为暴力、精神暴力，崇尚爱、尊重、平等，引导师生学会与人保持理解性的关系，转化自己的思维习惯与视角而体验他人的认识与行为世界，促成相互理解的行为能力与精神追求，使师生沟通上升到一个美好的境界。

（三）非暴力沟通与教育生命永相随

尽管非暴力沟通的精髓就在于对"四要素"的察觉与实践，理念说来简单，方法也不复杂，践行实属不易。围绕这一内容，我和工作室的老师们一道，不断阅读《非暴力沟通》《非暴力沟通实践篇》《教室里的非暴力沟通》等书，不断交流探讨其中的要领和精髓，不断思考感悟践行其中的理念和方法，走过了不断反思、不断推翻、不断重建的过程，在这一过程中，不敢说我们已然获得其精髓，已然熟知其要领，我们只能说我们仍然思考在路上，践行在路上，所以您在书中阅读到的案例、感受与心得，也许并不那么成功，也不那么完善。一方面我很高兴您有这样的慧眼慧心，另一方面，我也会觉得，这有什么关系呢？因为真实的教育总不完美，总会有所遗憾。恰恰是这种种遗憾，能帮助您了解到非暴力沟通不只是一种方法一种技巧，更是一种习惯一种理念。我们平时就有体会，一个小小习惯的改变是多么的不易。如我们的两只手交叉，如果您习惯于右手的大拇指在上，现在要改成左手的大拇指在上，并且每次都那么顺畅自然地让左手的大拇指在上来交叉，你试试，多试几次，你会发觉你的双手变得那么笨拙，大脑难以操控了。非暴力沟通虽然给我们提供了直接的可参照和模仿的策略方法，但只有在您心灵真正转向，心灵真正走向开放，让爱成为了心灵的底色，并在反复感受、反复践行中才能运用娴熟，才能一以贯之，才能让教育生活充满着由衷的爱与互助。

著名心理学家玛丽莲·弗格森说："我们这个时代最伟大的革命就是人的改变，通过改变心中的看法，而改变他们外在生命的方方面面。"非暴力沟通需要我

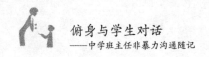
们有意识地翻转我们的观念、思维和行为，需要我们反复实践，逐步领会，不断反思，螺旋式提升，当有一天，我们能十分有效地运用非暴力沟通的原则和方法时，您定能感受到非暴力沟通对人的改变，对人心的改变。那时，对于非暴力沟通，绝不只是原则在心，方法在手，更是思想理念深入了人心，融入了血液。如能这样，非暴力沟通将与我们的教育生活，与我们的教育生命永远相随。

对非暴力沟通，我们将永不言弃。

目录

个案篇

班会篇

心得篇

个案篇

"我不能跟你玩，"狐狸说，"我还没有被驯养。"

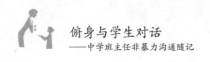

前言：我们都是那只等爱的狐狸

法国作家圣艾修伯里的《小王子》描写了一只等爱的狐狸。读完《小王子》中狐狸与小王子的对话，我们会感觉到，其实，我们每个人都是那只等爱的狐狸。

（一）

小王子遇见狐狸，是他正在哭泣的时候，小王子因为难过请狐狸陪他玩，狐狸拒绝了。他们有这样一段对话：

"我不能跟你玩，"狐狸说，"我还没有被驯养。"

"'驯养'是什么意思？"

"这是一件经常被忽略的事情，"狐狸说，"意思是'建立感情联系'……"

"建立感情联系？"

"当然，"狐狸说，"现在你对我来说，只不过是个小男孩，跟成千上万别的小男孩毫无两样。我不需要你，你也不需要我。我对你来说，也只不过是个狐狸，跟成千上万别的狐狸毫无两样。但是，你要是驯养了我，我俩就彼此都需要对方了。你对我来说是世界上独一无二的。我对你来说也是世界上独一无二的……"

"我有点明白了，"小王子说，"有一朵花儿……我想她是驯养了我……"

"铁打的营盘流水的兵。"送走一届学生，又迎来一届学生，作为老师，我们和许许多多孩子相遇。师生相遇的过程，就是用一段或长或短的时间驯养彼此的过程。我们的工作，就是用双眼去观察他们的眉眼，用双耳去聆听他们的心声，用真心去感受他们的心思，用真情同理他们的心情，用我们的情怀、我们的思想、我们的热血、我们满满的爱意去润泽他们、成全他们。孩子们也会在嬉笑打闹调皮淘气之中，在凝神谛听、畅所欲言之际，在关注我们的笑、体会我们的泪、说出他们关切的话语、伸出他们帮扶的双手之时，有意或无意地驯养着我们。

我们就这样建立了良好的感情联系，我在孩子们心中，不再是一个一般意义上的陌生的我，而是一个独一无二的我；每个孩子，也成了我心中的唯一。

（二）

狐狸向小王子描述想象中的新的人生："如果你驯养我，那我的生命就会充满阳光，你的脚步声会变得跟其他人的不一样。其他人的脚步声会让我迅速躲到地底下，你的脚步声则会像音乐一样，把我召唤出洞穴。"

如果我们驯养了孩子，他们就会期盼听到我们的声音，期盼看到我们的笑脸，特别享受我们的课堂，乐意走近我们的身旁……如果孩子驯养了我们，我们一定会心心念念着孩子：他们的委屈，他们的欢笑，他们的泪水，他们的荣耀，他们的失落，从我们的眼里走到我们的心里，一点一点地，慢慢地占据了我们的心空。

彼此驯养，彼此依恋，心心相通，情深意长。

（三）

小王子驯养了狐狸，可是小王子还是离开了狐狸。

"那你还是什么都没得到吧……"小王子说。

"不，"狐狸说，"我还有麦田的颜色……"

多么美好的感觉！在狐狸看来，只要曾经被驯养，这个世界就不再是原来的样子。

一届孩子远走了，又一届孩子高飞了，而我们，始终是麦田的守望者。不

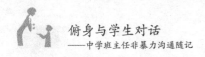
管孩子们离我们有多远，我们始终拥有麦田，总能看到麦田的颜色；只要孩子们曾经被驯养，他们的世界也不再是原来的样子，他们的心中，也一定装着麦田的颜色。

（四）

"请驯养我吧"，孩子们对我说；

"请驯养我吧"，我对孩子们说。

"请驯养我吧"，这是爱的声音。

我们都是那只等爱的狐狸。

"骆驼"归来

（一）

"骆驼不归"是兰的 QQ 名，她离开我时给我做了一张精致的小卡片，并用草绿色的卡纸包装得精精致致。在那料峭的春寒之日，让人倍感春意盎然。

卡片上写着：

给陈老师的道别信

总觉得写道别信是件凄凉的事情，但是这次道别对我好像并不是一件坏事，陈老师压力有没有减轻不少啊？来明德这段时间，受了陈老师的不少照顾，这世上我没能回报的事情太多了，在此，谢过陈老师，也谢过班上同学对我的体谅与包容。

这个排斥课本、拒绝考试、沉浸在自我世界的孩子，在离开的时候，问作为班主任的我，"压力有没有减轻不少啊？"我有点心酸：善良的孩子啊，你该不会是为了减轻我的压力而去上海的吧？

（二）

长得白白净净的兰，是高一中途插班进来的。她不怎么和同学说话，开始我以为是她内向，后来才发现她有自闭倾向。

她当然知道她在我班给我带来的压力。有一次班上的一位任课老师对我说："陈老师，你班上那个兰，上课从没有听过课，要不是你嘱咐，我一定会狠狠地批评她甚至不要她进我的课堂。"我说："兰这孩子与别的孩子性格稍有不同，请多给她一些时间。"正说着，猛然发现兰从我身边迅速地蹿过去……是的，

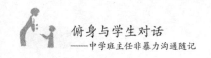
她每天几乎总在做着与课堂无关的事情，剪纸，速写，摹字，画漫画，绣十字绣，看课外书……也不管老师讲得如何眉飞色舞，激情澎湃，她总心如止水般地静静地做着这些事情。

可是，她也应该知道，她的进步给我带来的愉悦与欣喜。一些镜头在我眼前——闪现：

她曾一度侧身对着我，缄口不语听我说话，也曾保持一定距离面对我，有一搭没一搭地和我说点什么；还曾和我并膝坐在花坛边聊天，和我一起在操场上散步……靠近，远离；远离，靠近；尽管一直没有完全敞开心扉，但她真的在变：她问我一个人为什么会不快乐？她给我看她买的新书，她带饼干来要我奖励成绩好的同学，她买花放在讲台上装扮教室，她和同学一起准备音乐时装秀的道具……她的进步成长真的令我十分高兴。

她还应该知道，她给我们大家带来的感动与美丽。有一天我提醒大家不要在课堂上看漫画书，王同学站起来说：

……有一次我找兰借了一本漫画书，过了几分钟后她传了一张纸条过来，上面写着：请不要在学习时间看漫画书，影响你学习，我很内疚。她真的好腼腆，真的很为别人着想，当时我都不知道怎么办了，只好给她一个微笑然后把漫画书放进抽屉里。

有一次文同学在德育课上念她的随笔文字：

大家有没有注意过讲台上的那三朵鲜花永远绽放着？我每天都会很好奇，三朵花从圣诞节一直摆放至今，又不是纸做的，为何鲜活依旧。有一天中午我便知道了花为何永不凋谢的秘密了，是兰每天中午给花换水，在所有人都不曾注意的时候，默默地换水。

每一天被我"看见"的瞬间刹那，都被我采下，而采下的每一个当时，我都感受到一种"美"的逼迫。

兰的一言一行给同学带来的温暖与感动胜过老师的千言万语啊！

还有，她因病请了一周假，班长带去了全班同学写给她的心里话；评选感动全班十大人物，兰是其中之一……她都知道的。

兰，你该不会真是为了减轻我的压力而去上海的吧？这句问话时不时在我的脑海里冒出来。

（三）

那天，兰QQ在线，我问她："在上海还好吗？"对话框迅速弹出两个孤零零的字："不好。"我坐在那，半天出不了声。

我突然记起，有一天你冷不丁地问我："陈老师，我旷了那么多课，为什么学校不开除我？"我愣了愣，回答你："如果你能去一个比在这里过得更好更快乐的地方，我可以向学校申请成全你。"你笑了笑。

后来你是不是一直在找一个更好更快乐的所在？所以去了上海。听说去上海是你自己的选择。真的不好吗？我心里酸酸的，省略了许多想说的话，只发送:

"春草已醒，春花已开，骆驼归来。春草已醒，春花已开，骆驼归来。"

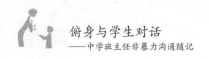
引导孩子心向阳光

高一学年结束时，G同学写了一段话送给自己：

在这一年里，我成长了许多。我不再那么任性，能够更理性地看待一些人和事；不再那么腼腆、胆怯，能够大方地与同学老师交流了。我想要克服自己的惰性，努力学习，在奋斗的同时，我也要尽可能帮助他人，这就是我的快乐，我的追求。

在这100字左右的文字里，我读到了许多许多。

刚到这个班，G有些任性，有些腼腆，有些懒散，整天不苟言笑，闷闷不乐。如何让这个无精打采的孩子重获学习的热情，是摆在我面前的一件大事。

倾听内心的声音

开学半个月了，那天他爸妈来学校想了解孩子在学校的情况。孩子的情况和他们预想的差不多。家长和我都觉得这样下去可不行。怎么办呢？之前和孩子交流了几次，但孩子不愿多说，一直没能找到深入交流的契机，便建议和孩子坐下来一起交流一下。事先跟家长约定，尽可能多听孩子诉说。只有让孩子敞开心扉，我们才能知道孩子在想什么，想要什么。那个下午，在校园一角的一张石桌旁，我第一次看到了一个能言善辩的G，心中似有一团火喷薄而出。他的腼腆不再，胆怯不再，个性的倔强叛逆，想象的天马行空，思想的特立独行，以往空间的逼仄狭小，曾经言行的拘束压抑……在那近1个小时的交流里流露无遗。眼前坐着的似乎是一个熟悉的陌生人。更陌生的是，那个印象中腼腆的孩子竟然冲他父母近乎歇斯底里地喊叫：你们理解过我吗？整天只知道对我说教、指责，犯了点小错就是打骂，我不要，不要！这是怎样纠结的亲子关系啊！孩子的这一句话点醒了我：孩子的人生经历中不缺简单粗暴，不缺严厉管教，孩子需要的是温柔体贴，理解关怀以及自由成长的空间。

在不可理解中解理

一天晚自习 G 没来教室。我问平时和他走得比较近的 Z。Z 告诉我，刚才 G 和他上楼时，上晚自习的铃声响了，他们加快脚步，抬头之际，猛然看到了走在前面的我。G 看到我的身影后，中途拐个弯，就不见人了。我的第一反应是：G 会如此害怕我？我简直不敢相信。我问 Z，G 平时有没有说过我凶，他很怕我之类的话。Z 说，没有。有一次他跟我说您很温和，那天他迟到了，你还微笑着示意他赶快进教室。是啊，对 G 我重话都没说过一句啊，为什么呢？

估计 G 可能躲在校园的某个角落，于是叫上 Z 和我一起去寻找，来来回回找了几遍，没有找到。只好打电话去问他的奶奶（他奶奶陪读），奶奶告诉我，孩子在家。我如释重负，在家就好。可我仍然很纳闷：这孩子看到我在前面，为什么要夺路而逃呢？是因为迟到了吗？不就是迟到了一会儿吗？对迟到的学生我从来没有过任何惩罚呀！为什么呢？我认定是我让孩子感到害怕了，可是孩子为什么这么怕我呢？我百思不得其解。晚上，我写了个便条放在他的课桌里：G，很抱歉，老师让你如此害怕。能告诉我，我让你这么害怕的原因吗？第二天，G 来到了教室，他躲闪着我，他的拘谨告诉我暂时不要去找他。中午，在我的办公桌上，我看到了 G 写给我的话：

"老师，我也不知道我昨晚一看到您为什么会掉头就走？也许这是一种惯性使然。以前，只要我犯了错，迎面而来的不管是爸妈还是老师，少不了一顿批评、指责，甚至痛骂。所以，我经常逃避。老师，对您，我没有害怕，是敬畏。敬，是我尊敬您。畏，是我不到一个月已经迟到三次了。一个人总是犯错（迟到），老师却不批评，我反而在心里十分过意不去……"

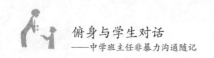

原来如此。孩子这样做，只是一下子没能从过去的"惯性"中走出来，还有对老师的深深的歉意，难怪有人说，一个人的有意识的行为都是有"道理"的。虽然一开始我没能真正理解孩子这样做的原因，但我很庆幸自己在不明就里的情况下没有简单粗暴地对待孩子。只是远离简单粗暴就够了吗？不够！远远不够！G 要走出这种"惯性"，除了自己的努力外，更需要老师营造亲切、平等的师生关系去帮助他。我们常说孩子的做法简直不可理解。而孩子的一些看似不可理解的言行恰恰是牵引老师给予理解的线索。我们只有抓住这条线索，从多元视角理解孩子的动机，去解读孩子的行为，我们才不会简单地以善恶去评价孩子，才能真正理解孩子的行为，才能懂得行为背后的人，才能在理解、尊重的基础上促进孩子向上向善。

这样想着，我提笔写下：

G，迟到不是什么不可饶恕的大错，以后争取少迟到就好了。愿今天的你比昨天的你更优秀。

引导孩子心向阳光

第一次月考，G 的成绩很不理想，公布成绩后的第二天早上，他不来学校，而是默不做声地往学校相反的方向走去。奶奶劝他，劝不动；拉他，拉不回；越是靠近他，他越是跑得飞快。奶奶吓傻了，奶奶几近哭着告诉我孩子吃过早饭说不想去学校，出门时果真逃学，问我该怎么办？那一刻我断定孩子只是心情沮丧得无所适从，不敢面对书本、同学和老师而已。我安慰奶奶说没事，孩子只是心情不太好，想散散心而已。我请奶奶叫 G 接了电话，在电话这头，我笑着说："G，你只是想出去走走，对吗？"电话那头沉默不语。我想我猜中了。"那你就走走吧。一路上会想些什么呢？老师很好奇哦。我叫奶奶回去，你先一个人走走吧，什么时候回学校了记得来找我哦。你把电话给奶奶吧。"一个多小时后，孩子回到了学校。

我发了个信息给奶奶后，和孩子来到了空无一人的操场上。

我们一起坐在石阶上。我看着他，问：G，你现在是什么心情？他说很烦，很烦很烦。他抓起地上的一根草，扯断。他的烦恼需要倾吐，需要有人聆听。我鼓励他继续说下去。他滔滔不绝讲了十多分钟，我只是坐着，看着他，聆听他。那种对自我的检讨、自责、否定和对生活的无力感让我不忍卒听。突然他停止了说话，好像大梦初醒，渐渐地，脸色也变平和了。在这十多分钟里，也许孩子终于有机会来释放他积聚已久的情绪。我想，刚才我的静心聆听看来是最佳的选择。

我问 G，说完后是不是好多了。他点了点头。

那么，接下来我该说点什么呢？追问孩子错在哪里，追寻他过去学习中的盲点，可能又会将孩子带进强烈的负面情绪中。我想是时候引导他走出目前的困境了。于是我把提问的焦点集中于如何解决目前的困境，我问了他三个问题：

过去的经验中你是怎么走出困境的？

你身上的哪些优点可以很好地帮助你？

哪些人在哪些方面可以助你成功？

这些问题把孩子的思维引向了解决问题的方向，激发出他内心的能量，在交流中我能感受到希望的曙光在他心中一点点地升起，说到很喜欢他、他也很敬佩的英语老师可以帮助他提高英语成绩的时候，他甚至微微笑了一下。当孩子向我挥手向教室走去时，我知道，他已走出阴霾，开始一段新的学习征程。

倾听孩子内心的声音，我们才能知晓孩子迫切的需要和想法；理解孩子的行为，我们才能懂得行为背后的这个人；引导孩子着眼于解决问题的方向，让孩子心向阳光，孩子才有可能不烦不恼、不怨不艾，将全身的能量着眼于未来的希望，走向生命的美好。

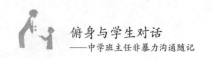
从麻木受罚到悦纳自我
——以学生迟到为例

对于学生的一些日常行为，班主任往往会以班规的形式做出严格要求。这些班规中，少不了一些惩罚性的条款，以维护班级的井然秩序与良好运行。

比如，关于学生迟到行为就可能会有如下惩罚条例：

迟到一次，罚打扫教室卫生一天；

迟到一次，抄写英语单词100个；

迟到一次，（男生）做俯卧撑或（女生）下蹲练习20次；

迟到一次，罚款十元

……

这样的惩罚条款一般是师生一起议定并形成文字，全班（大多数）同学举手表决通过了的。班主任（班干部）进行惩罚时就依班规而执行即是，学生基本没什么怨言。表面上看，应该效果会佳，实际上这种惩罚的教育意义有多大呢？

一次上学路上，在学校附近，两位学生不急不慢地走在我前面：

甲：唉，又迟到了。

乙：迟个到有什么关系。大不了就做20个俯卧撑嘛。这学期我都做过十多次了，老师又能把我怎么样呢。

也听说有一个班级规定迟到一次罚十元，一个家里不差钱的调皮学生说："迟到一次罚十元是吧？好，那我办个月卡，一次交三百元。当然我也希望能来个9折或8折优惠……"

听到这样麻木甚至有些嚣张的言语，老师们会倍感遗憾。然而，我们也不得不承认，这种惩罚，事实上，真是最低层次的管理，最低层面的教育。它往往只是对学生起到了限制和惩戒的作用，谈不上什么教育作用。有时还会误导学生把错误的事情正向化，或者说将错误合理化——受了罚（交了钱）就没事了。所以，我们看到，一个班经常迟到的学生往往是那几个"固定的人"。他们没少受到惩罚，但是惩罚之后依旧我行我素。

教育的根本在于引导，不能只停留在"法规"（班规）层面，而应进入孩子的心灵层面。这，许多老师都懂，因此，很多班主任在惩罚学生的同时，也会苦口婆心地教育学生，引导学生认识自己的错误，并督促学生改正错误。

下面是一位班主任与一个多次迟到的孩子的对话：

班主任：今天怎么又迟到了？

孩子：我……

班主任：你又有什么借口呢？（班主任抢过孩子的话说。）

孩子不作声。

班主任：今天也不要你做什么俯卧撑练习或下蹲练习了，我倒要问问你，你觉得迟到好不好？

孩子：不好。（孩子低着头，小声说。）

班主任：怎么就不好呢，有哪些不好呢？

孩子：惹老师生气，对不起老师。

班主任哭笑不得，忍住笑，问：还有呢？

孩子：还有……孩子似乎想不起来。

孩子：老师，我总是给您添麻烦，总是不求上进，我都讨厌这样的自己了。

班主任：是的，你的迟到，会给别人带来麻烦，给班级带来不好的影响，你每迟到一次，学校就会扣班级评比分一分。你说，你不能为班级增光为班级加分，还经常迟到经常给班级扣分，你想不想这样？

孩子：我不想……孩子深深地低下了头。

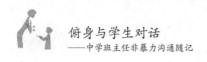

......

后来，这个孩子又因为迟到而多次来班主任的办公室更多地接受惩罚与类似的教育。

为什么如此持续的苦口婆心的教育也起不了多大的作用？

我想，一个孩子多次迟到，其背后一定是有原因的。也许生病了，也许堵车，也许闹铃没响，还有可能因助人而迟到了。我们老师是不是每次都询问了原因，询问原因后是不是相信学生并呵护过学生（如果学生真是生病了）。抛开这些不说，就算学生屡教不改故意迟到（这种情况应该很少），班主任老师面对学生迟到的行为，如果单方面认定这是一种错误行为，一心分析和确定他迟到的错误，以引发他内心无比的惭愧、内疚，甚至是罪恶感，忽视学生的感受，不问学生的需要，学生就算低头承认了错误，这是他心甘情愿的吗？是心悦诚服发自肺腑的吗？如果他是出于恐惧或缘于内疚来迎合老师，那么，或迟或早，我们将发现孩子会不再友好。一个人总是屈服于外部（老师）或内部（内疚之心）的压力，很可能使他心怀怨恨，并厌恶自己。正如上例中这个孩子所说"我都讨厌现在的自己了"。内心担负着太多的沉重，承载着太多的内疚，一个孩子就会对自己失去信心，觉得自己越来越没用。这其实远离了我们教育的初衷。

苏菲派诗人鲁米曾说："在对与错的区分之外，有一片田野。我将在那里遇到你。"我们对学生的教育，是不是也可以在对与错，在好与坏，在道德与不道德的区分之外，寻找到那么一片田野，去触摸学生的心灵，去感受学生的需要，让学生以负责的方式表达自己并纠正自己呢？

我想起了这样一篇关于迟到的教育叙事：

如果没记错的话，自从2016年的第一场大雪后，王同学几乎每天迟到。三五分钟到三五十分钟不等。今天，第一节课已经下课了，他才赶来。我表情有点凝重，问他：今天又迟到了，有什么特殊原因没有？他说，没有。我耐着性子继续问，那为什么又迟到了呢？他竟然面带微笑，很轻松地说："我又睡过头了，醒来的时候已经迟到了，我想今天就装病不起来了。又睡了一会，可是睡不着，心想，我这周已经连续四天迟到了，现在还装病，好像很不好，于是我立马起来，跑到学校。"

他没有说假话，他是跑到学校的，他推开教室门时还在大口喘气。那一刻，看到他那个微笑的表情，那个轻松的面容，我很纳闷：平时在老师面前，他要么面无表情，要么沮丧泄气，今天在一周已连续四天迟到的情况下，怎么还能保持如此阳光般的微笑呢？我问他。他说："老师，有一次我上课睡觉，你问我晚上干什么去了。我回答说，晚上用手机上网，结果忘了时间，到凌晨1点多才睡。当时你说希望我少上网，并特别指出很欣赏我的诚实，所以我觉得还是诚实地跟你说比较好。"那一刻，我被这个孩子感动。我说："陈老师除了欣赏你的诚实，还很喜欢你阳光般的笑容。愿你笑口常开。当然，我还希望你能有时间观念，能养成守时的好习惯，我相信，一个诚实、阳光并且守时的你，会更让你自己喜欢吧？"

……

之后，不知是天气暖和些了，还是他良心发现，他没怎么迟到了，似乎心情也比以前好了很多。

这位班主任在处理学生迟到的问题时，善于发现学生内心那些正向的力量并呵护和引导他成长与进步。老师撇开学生迟到的对与错不谈，肯定学生的诚实品质与阳光心态，同时，不忘提醒学生，做一个守时的学生，使自己更喜欢更欣赏自己。这样，孩子知道了哪些是自己本拥有的好，哪些是可以生长的好，孩子在这个过程中就能体会到成长的快乐，悦纳自我，欣赏自我，并最终成就自我。

英国思想家亨利·皮查姆说："不含教育的纠正是平庸的虐政。"我们与其循环往复地使用惩罚手段让学生走向麻木，还不如更多地呵护心灵，养育人心，引导学生悦纳自我，健康快乐地成长。

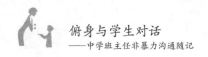
一次走心的游戏

负责寝室管理的副班长李同学向我反映：416寝室的卫生又出问题了。在三番五次地为这个寝室的卫生问题烦心之后，我决定和她们来一场走心的游戏。

游戏前：我们有点紧张还有点害怕

这天，离晚自习下课还有20分钟，我把416全寝的同学请到了办公室。她们脸上写满了"紧张"。我笑着请她们一一坐下。看着办公桌上摆得整整齐齐的卡片（有四十张卡片，卡片上写着一些表达人类共通的感受和需要的词，如"紧张、喜悦、难过、焦虑、合作、信任、休息、秩序、温暖、自信、理解、目标、支持、自由、空间"等），她们的注意力转移到了卡片上，紧张情绪有些缓和。可是我仍想问问她们来办公室的心情。人一放松下来，就不再拘谨，不再有太多的顾虑。率性的寝室长开口了：我有点害怕。我担心您这次又质问我：作为寝室长，你有没有以身作则？到底有没有提醒督促寝员做好……

谢过寝室长口吐真言后，我点了安兰，安兰"唉"了一声，真的好紧张。毕竟是我们没有做好，有一种做贼心虚的感觉。老师给我们想了很多办法，也总是无济于事……

学生的回答在我的意料之中：为了416寝室的卫生，我寻根究底，献计献策，给学生带来的满是紧张和害怕。细想，原因可能有二：作为老师，我总认为，一个学生，做好自己责任范围内的事，是理所当然的。但学生是人，小集体（寝室）是由人组成的，人的多样性和复杂性决定了一个事情很难依既定的纪律、规则和责任完成好。而老师只根据纪律要求，规则规定，责任范畴等问责于学生，结果问题没能解决，还强化了双方的负面情绪，学生也就不把自己该负的责当回事了。其次，当学生（集体）出现问题时，老师越俎代庖，很快给予孩子建议。以这种方式处理孩子的问题，孩子再犯的概率极高，这间接促使学生不能对自己的所作所为负责任，因为老师的建议是他（们）不想做或做不到的，更有可能是他（们）根本不认为这是一个需要解决的问题。

我想，是该走进学生心灵的时候了。

贴心游戏：体验感受，表达需要

我跟大伙说，今天我们一起来做一个游戏。卡片已经摆好了，先来熟悉一下游戏规则和程序：

1. 寝室长简要说说半个多月来管理寝室的情况，说完后体会自己的感受，然后说出自己最真切的感受。其他寝员不询问、不分析，静静体会寝室长的感受和需要。

2. 其他寝员开始递卡片（反馈）（每个人递卡片最多2张）：（轻轻地）对寝室长说：×××，你感到_____，你需要（看重、渴望……）_____，是吗？寝室长不用对反馈者（寝员）作肯定或否定的答案，不论是否贴心，都接过卡片，并用心体会室友递上的卡片和反馈的话对自己的触动。

3. 寝室长反馈：寝室长根据刚才接受卡片时自己受到触动的强弱将卡片排序，然后反馈给所有寝员：我发现，我感到_____，我真的需要（看重、渴望……）①_____，②_____，③_____。在这一阶段，联系到自己真正的需要后，可反复默念我需要_____，来体会自己内心的渴望。

4. 分享体会。寝室长分享：自己此刻的心情以及在活动过程中心情的变化。

游戏开始了。

首先，寝室长陈述了半个多月来应对寝室卫生问题的一些事实后，她选择了"难受"。她难受的背后有怎样的需要呢？莹率先挑了一张"和谐"，递给可依，说："可依，你感到难受，你渴望'和谐'，是吗？"可依接过卡片，若有所思。接下来同学们纷纷给寝室长递上了"自信""温暖""支持""理解"等卡片。这时，两个同学同时瞄准了卡片"合作"，同时出手各拿住"合作"的一半，面面相觑中大家哈哈大笑起来。寝室长最后收到了 8 张卡片：自信、温暖、和谐、合作、秩序、目标、支持、理解。她细细地排列着手上的卡片，有点动容："谢谢大家递上这些卡片，做这游戏前，又被陈老师请到办公室，我心里真的很难受，但现在我感到特别温暖。是的，我需要老师和同学的理解与支持，而我最需要是我们大家的团结合作。"她扬了扬手上的"合作"，继续说，"这样，我才会更有自信地建设好我们的寝室……"室友们静静地听着，没说话。

接下来是寝室成员代表赵兰。赵兰依上述步骤陈述感受，表达需要，最后，她说，之前我们总是心不甘情不愿地做卫生，毕竟被寝室长教训的感觉不是很好。以后，我一定会认真做好值日。

此时的我才强烈地意识到，虽然之前每次只是问责寝室长，但被指责批评的寝室长很不高兴，于是如法炮制甚至变本加厉地去责备室友，大家闹得很不愉快，带着满腔的委屈和怨气行事，结果就可想而知了。

最后轮到我了。我说出我的感受：无奈。学生们积极地递给了我"理解""温暖""和谐""信任""接纳"等近十张卡片。我微笑着接过卡片后，说："谢谢。你们真的善解人意，这些都是我的需要。如果要陈老师自己去选，我最想要的是'关心'。"我从桌面上挑出"关心"这张卡片，拿在手上，继续说："我选'关心'有两层意思，一是需要大家明白对寝室卫生要求的背后我对大家的关心——为之计深远的关心。学习上的帮助，生活上的照顾等大家很容易感知到，可是希望大家做好寝室卫生的背后所表达的关心不知是否有所体会？其实，希望大家做好寝室卫生，不全是学校对寝室卫生有要求，更是希望大家培养秩序意识、责任意识、合作意识与能力，让优秀变成一种习惯……这些良好习惯和优秀品质会让你们受益终生；二是希望大家能够懂得从另一个角度去关心人。

我知道你们很关心我，平时老师有点小感冒什么的都问长问短，这当然是老师所需要的，老师还需要大家能将自己力所能及的事情做好，你们做人做事的成长与进步就是对我最大的关心和安慰……"

第二天上午有学生告诉我，原以为陈老师会把我们痛骂一顿，没想到会是这么愉快的交流，感觉信心大增。其实，寝室卫生总是出问题，我们何尝不着急呢？回到寝室，室友们都表示一定要团结协作将寝室卫生做好，今天我们都起得很早，全寝一起动手搞卫生……

从学生的反馈中我了解到：这次卡片游戏，彼此真诚言说了自己最真实的感受和需要，并在耐心倾听对方的感受和需要中达成了理解和共鸣，心动并且行动了。可是心动且有行动就一定可以从此"西线无战事"吗？

游戏后：再度紧张，见证成长

有了这样愉快的交流和交流后学生真切的认识和切实的行动，谁都会认为416寝室的卫生应该不会出问题了，至少第二天不会出问题了，可是，事实是怎样的呢？

一位同学这样记载：

中午，我们乐颠颠地去看寝室卫生评比栏，全傻眼了：属于416寝室的那一栏圈圈点点有好几条。这一消息无异于五雷轰顶，大家的情绪很低落，明明这么努力，为什么会这样？昨晚还信誓旦旦地跟陈老师说寝室卫生一定不会有问题了，可是今天又出了这么多情况，该怎么面对陈老师呢？她还会信任我们吗？更苦恼的是，我们要怎样细致认真才能达到宿管老师的要求呢？寝室长把室友们叫到一起商量，大家一致认为，得跟陈老师说明情况，表达我们的歉意，并请教陈老师怎么做才能做好。

是的，第二天下午放学后，寝室长带着416所有同学走到我身边，郑重其事地站成一排，一齐向我鞠躬道歉。一头雾水的我明白是怎么一回事后，十分

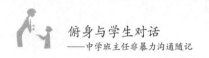
感动于她们的诚意与努力，我与每一位同学拥抱，然后询问她们有什么主意，准备怎么做？学生七嘴八舌：找宿管老师问明情况；注重细节；高标准严要求……我心喜：只要真正想做好一件事，人人都是点子大王啊。

第三天，优；第四天，优……不仅如此，孩子们在这一过程中有了很大的进步与成长。

灵在周记中写：

谢天谢地。黑板上的"劣迹"不复存在，中午我因参加社团组织的趣味运动会没能看到室友们欣喜若狂的场面，但看他们喜不自禁地"奔走相告"，即可略知一二。终于我们也可以做到完美无缺了。这份欣喜不亚于学校放假，而且是放长假。当然，这一切离不开室友们的合作，还有寝室长的身体力行、以身作则。

王丽更是无限感慨：

记得陈老师跟我们提到过做好寝室卫生的意义，当时我还真不知其重要意义何在？不过，从这些天我们做寝室卫生的过程中，我真的学到了很多。比如说，做完游戏的第二天早上，我们真的十分尽心地去做了，却没有满意的结果。我们的学习生活不也是如此？有时候我们付出了很多努力，结果却还是令人失望。虽然感到失望，但我们不会放弃，调整方法策略继续以认真的态度完成，力求完满的结果。

又如今天我值日，因周末产生了比平时更多的垃圾，昨晚又忘了提前做好一些工作，一早起床就有点手忙脚乱。正忙乱的时候，我发现，春丽在帮我拖地，海艳也帮着摆好桶子，她们的热心给了我内心很大的触动：春丽和海艳的帮助不只是体现了她们乐于助人的品质，同时也让困境中的我感觉到"我并不是一个人在战斗"，从而拥有更大的勇气和力量。

……

过后我想，如果那晚的游戏没能真正触及她们的心灵世界，她们会不会集体如此认真地关注此事，会不会在又出现纰漏时集体出动来向老师道歉（虽然我认为大可不必），如果不是那晚的游戏让我深深体会到了她们内心真正的感受与需要，感受到了她们的十分诚意与努力，在第二天了解到 416 寝室卫生又"劣迹斑斑"时，我能如此心平气和甚至满怀感动地理解谅解她们的又一次"过失"吗？当彼此都能更多地站在对方考虑，向对方的心灵靠近的时候，那不仅是事情的圆满，更是生命的愉悦。

严格说来，这不算是一次真正意义上的游戏，而是一次非暴力沟通的过程，是借游戏形式在师生、生生之间进行的一次体会感受，表达需要的心灵沟通的过程。

非暴力沟通有一个基本概念——一个人所做的一切，都是为了满足自我的需要。但这并不是当下的主流思想。如果我们在观察学生时能理解这一思想，我们就会了解到，学生对我们所做的事情，是他们所知限度内，能够满足他们自身需要的最好的方式。作为老师，我们可以帮助他们认识到，要满足自身的需要，还有更有效的更好的方式，非暴力沟通的方式就是其中的一种。在与学生以非暴力沟通的方式进行游戏活动时，我并没有表现出无能为力，也没有采用压倒学生的方式来满足自己的需要，而是采用一种"协作"的方式——以一种平和理性、温暖友好的方式，从感受与需要的角度和学生联系起来，与学生建立一种"合作的伙伴关系"，引导学生"增能"，提高自信心，增强责任感，产生了惊人的效果。

圣雄甘地说："我反对暴力，因为当它看起来在行善时，这善是短暂的，它所产生的恶却是永久的。"对教育而言，外在的强制，机械的给予，硬性的灌输都带有暴力倾向，对学生的成长是不利的。只有远离暴力，深切体会学生的感受与需要，建立心灵的连接，才能使学生获得长足的进步与成长。

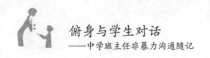

桌椅之外的美妙音符

有人说，一间教室能给孩子们带来什么，取决于教室桌椅之外的空白处流动着什么。作为教师，我们希望桌椅之外的空白处流淌着什么呢？作为学生，他们所欢喜的又是什么呢？读着学生的"心语心情"，我的内心一点一点地被温润，一点一点地被点亮。

（一）

这是李晓描写下课时分的一段文字：

明亮而晴朗的一天，秋天的感觉更加真切了，课间里，同学们交换着各自带的零食，也交换着各自的心情。

如同季节，如同天气，如同一袋炒米换锅巴；

如同欢笑，如听歌唱，如同一个拥抱换打闹；

如同快乐，如同幸福，如同最简单的事换来最简单的满足。

我被李晓的文字感染，也被孩子们的那份真情与快意感动。当我们总是立足高处、放眼远处去建构孩子们的精神高地时，殊不知就是这样的"接地气"的举动，就是这些看似毫无意义的行为，在传达着生命的享受与人情的美好。

（二）

眼前是琦同学的前后两天的"心语"：

（1）今天上语文课听了陈老师讲男生如厕之后用脚冲水的事，我只想说，浊物自浊，净物自净。没有人会舍得踏脏一块纤尘不染的地板，但对于本来就脏的地板当然就无所谓了。我甚至觉得对于已浊之物还坚持用手的人是不可理解的，难道是我的品质有问题？

（2）小靓和芳芳在厕所的每个按钮上都包了塑料布还写了温馨提示，我很感动，现在大家应该都是用手按的吧，这样的品质，比那些原来就坚持用手按的人还要高尚，这就不是小我，而是大我了。

读完这些文字，我仿佛看到：琦同学前一天里还在不解中凝神与皱眉，后一天却有了皱眉之后的神会与快慰。是啊，桌椅之外的空白处不只是说笑与打闹，更有那份凝神的思与悟，无声但十分有力，有力地敲击着我们的心房：学生生命的滋养与精神的成长是潜移默化的，是细致入微的，是在同学间的相互启发和自我教育中完成的。去除说教与指责，"用孩子心灵深处的能源，去照亮孩子的精神世界"——多么好。

（三）

李昀的这段文字更是引起了我的注意：

晚自习下课的时候，我和靓靓看到一只巴掌大的水瓶摆在琪的桌子上。薄薄的杯壁上印着可爱的图案。

"哇，好小的一只！"靓靓很是欢喜，就像发现了什么猎物。

"但是这能装多少水呢……"靓靓发问。

"一口都不够喝吧。"我说。

"不一定要喝啊！比如可以用来暖手嘛。"琪回答我们。

对哦！我忽然想到，就像庄子说的一样，难道一件物品，一定只能起着被规定的作用吗？！

没有这个小水瓶，没有这份轻松自在的氛围，会有如此令人惊叹的哲理深思吗？我们常常可见，在桌椅之外是书本，在书本之外还是书本。可否在桌椅之外让小水瓶这样的"无用之物"与书本共存，让孩子们的曼妙遐思与深沉哲

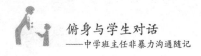

思翩翩起舞?

　　读完这些文字,我又一次提醒自己:顺着孩子们的想法去作为,就着孩子们的喜欢去喜欢,让桌椅之外的空白处流淌着各色美妙的音符,因为——这些,也是孩子们生命成长的必需。

做学生生命的盐

几年前，读到《圣经》上的一句话：要做世上的光，更要做世上的盐。大有醍醐灌顶之感。特别是"更要做世上的盐"的提醒，是多么切合我们老师啊！盐，虽平凡朴实，微不足道，但对生命而言又是不可或缺啊。"做世上的盐"，就我们自身而言，我们要像盐一样朴实洁净，在社会上，在工作中，在待人接物时，做到朴实无华，洁身自好；要像盐一样提炼自己，升华自己，如矿盐、海盐提炼加工净化为食用盐一样，我们也得除去心头的私心与杂念，不断净化自我，完善自我，活出自己单纯而丰富的生命。而在学生面前，我们要像盐溶于水一样融入学生的生命世界，要像盐调和五味一样调和学生的学校生活，更要像盐的高熔点能对钢铁起降温淬火的作用一样——为困难学生肩起一份责任与担当，给他们带来喜乐，带来力量，带来生命的美好。更重要的是，在成就学生的同时，也成全了我们自己，升华了我们生命的意义和价值。

（一）溶：像盐溶于水一样——全身心进入孩子的世界

盐很容易溶解，盐溶于水，不着痕迹地溶于水的世界，就可能改变水的密度、冰点和沸点。这种溶入不是盐的强行侵入，而是水对盐的自然接受，也是盐对水的悦纳欢喜。这一特点启发我们，班主任对于学生，特别是对于那些很有自己个性与爱好，太有自己的想法和主见的孩子，我们赤裸裸地教育他也许不管用，我们用指责、呵斥、惩罚等方式来改变他，也许更不可行；如果我们能像盐溶于水的世界一样，融入孩子的心灵世界，改变很可能从此发生，教育的浸润不期然就发生了作用。

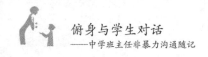
有一天，我翻开学生的随笔，读到这样一段话：

别人眼里的我也许是个怪咖，穿着他们认为奇怪的装扮，做一些异于常人的行为，别人的不解与嘲讽来自于他们对我的不认识，我不爱大众化的品位，也不喜欢跟风去追逐别人眼里所爱的风景，我只追寻自己所向往的天地。人都有知音，就像《打回原形》的歌词一样："若你喜欢怪人，其实我很美。"

这个孩子叫鹏，高一开学不久，我读到了他的以上文字。而之前我所了解的他是：

他高度自我封闭，疯狂减肥。他爸告诉我，他不跟同学说话，不跟家人说话，一整天听不到他说上三句话。他也曾疯狂减肥，整天不吃不喝，饿得人不像人。

他酷爱时装。他买的那些稀奇古怪的衣服饰物已装满一个房间了。他爸问他有什么用？他就说，我喜欢。还强词夺理：时尚是一种美，我追求美错了吗？

他不喜欢穿校服。为逃避检查，总是穿校服进校门，进教室脱校服，每天变戏法般地穿他的各式时装，有时还带一些新奇古怪的首饰什么的到学校来给同学瞧瞧，学习自然也就不怎么放在心上。

这样的他，如果作为你的学生，你的第一想法是什么？是顺应他喜欢他还是改变他、制服他？

我的想法是：学生的需要就是我的行动。老师得像盐溶于水一样——全身心进入孩子的生命世界。

1. 陪孩子说说话

一个曾自我封闭的孩子到了一个新环境，他需要什么？需要有人陪他说说话。说什么，说时装就行了。今天的这个包，昨天的那个鞋，大前天的那件衣服……说着说着，就有话说了，有一天我穿了一条绿色的裙子，他主动对我说，陈老师，我第一次看见你时你就是穿的这条绿色的裙子。很好看。天啊，我都不记得了，我笑笑：谢谢你记得这么清楚。他的话匣子就这样打开了。

2. 分享他的体会

有一次他带了一些布料到学校来，对我说："陈老师，你知道这是什么时代的布料吗？"我摇摇头说不知道。他告诉我，这是上个世纪 70 年代的布料。那个时代的东西真好啊，你看这布料，纹路多缜密，质地多优良，色泽多鲜艳，由衷的喜爱之情溢于言表。

3. 促成价值实现

2015 年元旦，我想组织一个全班同学参与的节目，我请他当总导演，在他的组织、策划与设计下，我们班演出了一个集歌唱、绘画、时装于一体的综合性很强的节目《音乐时装秀》，他组织设计服装，手工裁剪服装，大部分女生的服装、手饰、头饰等都是经由他指导手工制作的；所有男生服装都是他提供并根据男生的个性搭配的。节目的演出非常成功，他找到了前所未有的价值感和成就感。

4. 倾听他的心声

有一天他很骄傲地对我说，陈老师，我的理想是当服装设计师，我这辈子不会干别的。我向他竖起大拇指。在他眉飞色舞的时候我追问：那你能不能为了你的伟大的设计师梦想而努力学习？他兴致大减，说，我也想啊，但面对书本真的不像面对衣服，精神总是提不起来。

5. 尊重他的梦想

因为他不热爱学习，成绩一直不太好，没有很好的文化成绩，将基本无缘于中国一流的服装设计学校。现在，他已东渡日本学习服装设计。我想，我也不能强迫他热爱学习，他有权选择他认为值得过的生活——只要这些选择不对他人造成伤害，我得尊重他的个人选择。

于鹏，我教育他影响他的整个过程，就是盐溶于水的过程，陪孩子说说话，分享他的体会，倾听他的心声，促成他自我价值的实现，尊重他的梦想，让他选择他认为值得过的生活……就这样全身心地走进他的世界，去理解他，接受他，顺应他，满足他，达成水乳交融的师生关系，进而成全他，改变他。在彼

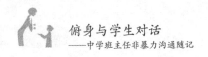

此悦纳欢喜之后，正如鹏自己所说，若你喜欢他，其实他很美。

（二）融：像盐融合、调和五味一样——调和学生缤纷的生命色彩

一个班级，像鹏这样的孩子毕竟是极少数，更多的孩子，不必我们如此耐心细致地去顺应与成全，而需要我们发挥盐的融合、调和的作用。调味，调和五味是盐的最大特性，我们班主任也应该像盐调和五味一样——调和学生的生命色彩。

1. 掌握教育的盐分。

经常下厨的老师知道，五味调和很有讲究。首先，盐的量的把握对做一道美味佳肴起着至关重要的作用。教育也是一样，我们得掌握好教育的盐分（分寸）。子曰："质胜文则野，文胜质则史。文质彬彬，然后君子。"质代表孩子自然、纯朴的天性；文代表后天的教化，教化太多，将会泯灭孩子的天性、个性与才情；教化太少，孩子的质性就会流于粗糙甚至狂野。自然的天性与后天的教化相得益彰，孩子才能成长为文质彬彬的君子。

开学前一天报完到后，我请学生买好学习和生活用品，做好开学准备工作，其他，自己安排自由活动。晚自习时，我想了解一天下来学生们都做了什么，于是请每位孩子用三五十个字概括一天的安排。学生一天的活动，可谓"精彩纷呈"。有的说，上午大扫除、玩三国杀，下午看《读者》后玩了很久的三国杀，晚自习写日记、看《读者》；有的说，上午去超市买学习和生活用品，下午在宿舍与舍友玩游戏；还有的说，上午睡到 10 点，看书约 30 分钟，玩手机约一小时。下午玩手机 2 小时，看书 1 小时。晚自习看书做题发呆。小雅同学的安排则与众不同：上午研习古文、历史，做数学，练习书法，下午以数学物理为主，晚自习做数学。

从这些安排中，我们可以看出，小雅同学对学习有了一种"无需提醒的自觉"，而很多同学，哪怕明天开学，今天仍在给自己放假。显然，我们对待不

同的孩子所给的教育内容和教育方式策略是不一样的。怎么办呢？我将所有学生的安排输入电脑，略去姓名，让学生选出自己最认可的安排和最不认可的安排，各选三条。在自主选择中学生有了自我反思，小雅获得了最大的认可，但票数刚刚过半。其后，在周记中我知道了原因：

学生一：其实，我也不是那么喜欢玩三国杀的人，只是单纯认为这天休息是一种应得……然后就没搞学习。我又听说还有同学搞了一天学习，我的内心是抗拒的，所以我就没有为她打钩。但我还是有些惊讶，为什么她就那么管得住自己去学习一天呢？

学生二：某些同学把时间抓得太紧，一整天都在学习。假期本来就是给我们放松和休闲的嘛。

学生三：对最多人赞同的这一条我有些疑惑。一眼看去，的确完美，学习，练字，可谓窈窕淑女之典范。正是因为太过于完美，令人心生敬畏。确实，以书法为趣十分典雅，全天学习也无可挑剔，但，这真的只是一名高中生吗？她会不会沾染世俗，放下身段，在时间允许的时候与同学们来一局三国杀？我欣赏、敬畏这完美少女，却更喜欢与青春活力的少女们一起活跃。

看到这些文字，该怎么办？如果不了了之，小雅可能从此被孤立; 另一方面，学生的疑团也无法解开，更重要的是，放假时间到底是完全放松地痛快地玩还是把它当作赶超他人的绝好机会，用来学习或者是劳逸结合，休息学习两不误，或是其他……

征得小雅的同意后，我呈了同学们的不同声音，请同学们就此展开辩论，在思想的碰撞中很多学生有了更好的认识：我们想要什么，我们就得为此付出什么。如果想要学习上出类拔萃，那么放假或周末得多安排时间学习……同时小雅也受到启发：得多与同学交往，培养同学之间的友谊。

教育的盐分就这样在问卷、周记、辩论与个别交流中慢慢渗透，融入心灵。

2. 调和生命的五味。

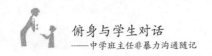
吃饭，一道菜的美味往往满足不了我们的胃口，我们希望五味俱全，享受丰美的菜肴。对于孩子，班主任也要注意去调和他们生命的五味：思想味，情趣味，人文味，文化味、文明味……让他们拥有缤纷的生命色彩。

孩子们生命五味的调和从哪里来？

从引领阅读中来，从点燃思想中来，从触动心灵中来。

就拿心灵的触动来说吧。我们需要制造一些机会，给予一些时间。抓住一些契机，让一个灵魂去唤醒另一个灵魂。

学习沈从文的《边城》，我留了一个思考讨论题：小说结尾，翠翠每天守着渡船，可傩送也许明天回来，也许永远也不回来了……你怎么看待翠翠的等待？

学生们开始沉思默想，既而交流讨论，最后他们这样表达：

学生一：傩送走了，可日子还要过，若只是一味地沉浸在对过去的惋惜与对将来的遥遥无期的事情的幻想之中，那么她只会被现实淘汰。所以，对于我们生活的现在，我们不能逃避，更应该认真对待……

同学们给予了热烈的掌声。

学生二：翠翠太傻了，这不是白等吗？我理解这种等待，但我认为毫无意义。……在这样的社会环境下，这份纯真的爱情蒙上了阴影，傩送既然下决心离开，归来自然是遥遥无期了。即使他回来，在外界的压力和内在的愧疚之下，两人的爱情还会像原来那样纯真快乐吗？因此翠翠不必用一生去等待，不如让时光来冲淡这份灰色的记忆。

这个孩子的发言较前一个孩子有过之而无不及。难道所有孩子都是一边倒吗？有没有孩子有不同的声音？我看到一个男生微蹙着眉头，便请他说说他的想法。

学生三："翠翠太傻了，这不是白等吗？"如果按你这样说的话，人生，都可能只是一团幻光。这种等待，不，我毋宁说是守望，又怎么会是白等呢？

它把一个遥不可及的梦，捧在你的眼前，让人在忧郁而凄美的爱中，诗意地度过这一生，一川小河，一只小舟，一个远方的意中人，以及夕阳落下时对远方无尽的思念，这对人的生命与心灵来说，比之灯红酒绿纸醉金迷，岂不是要丰足得多？试问，如果翠翠结束她的守望，她又能做什么？去嫁人吗？可是心中与眼前已满是那个男子的背影，如何容得下另一个人塞入自己的梦乡？这是一种美好的人生，更完美的是她还有一丝惆怅。

只有第三个学生的发言，赢得了更持久更响亮的掌声，掌声说明了学生对这种矢志不渝的坚守爱情的浪漫主义情怀有更多的认同。在对话交流中，引发了学生心灵的触动，引导学生在冲突、困惑、焦虑和犹豫中追录心灵的方向，达成心灵的净化与生命的和谐。

作为班主任，就这样在引领阅读中调和，在引导观察思考生活中调和，在促成思想交流、心灵触动中调和孩子生命的五味，培养学生自由之思想，独立之人格，闲适之情趣……让生命绽放缤纷的色彩。

（三）熔：像盐的高熔点对钢铁起降温淬火的作用一样
——为潜能生肩起一份责任与担当

盐还具有一个大家不太熟悉的特点，具有高熔点。它对钢铁可以起到降温淬火的作用。盐的高熔点，就好比班主任崇高的责任感和使命感，对学生特别是对潜能生应该有铁肩担道义的精神，义不容辞地负起对孩子的责任与担当。

"妈妈，我是一个真正没用的人呢。"

开学不久，我和明子的妈妈通电话。聊着聊着，孩子的妈妈哭了，说，今天孩子无比伤感地对她说，妈妈，我是一个真正没用的人呢……那一刻，我心里有一种无比强烈的疼痛感，我告诉自己，一定得帮助这个孩子。

在听到明子妈妈说这句话之前，我只知道，他成绩很不好，经常垫底，曾跟班主任闹过矛盾，看到班主任就怕。也很少和同学说话，大部分时光在玩手

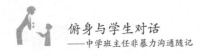

机中度过。

我该怎么办？

1. 找准切入点：主动和他打招呼。

2. 温柔地坚持：不信他不开口。

上课时，明子安安静静地，从不影响别人，老师们知道他成绩很不好，很少提问他，问到他也从来都是一言不发。一个孩子，整天麻木地生活在教室里，课堂上，怎么是好？于是，语文课上，我时不时地请他回答问题，他默默地站起来，不说话。我说，好，没有想好吧，请坐下去，再想想。第二天或第三天，我又喊到他，他又站起来，不说话，没关系，请坐下，你听听别的同学怎么说。这样五六次之后，有一天，他轻声咕噜了几句。我根本没听清楚他具体说了什么，但我马上抓住机会，说："明，你看，你一开口就说对了，很不错嘛。"我带头鼓掌，同学也跟着鼓掌。就这样，孩子上课从不敢发言的障碍也被消除了。

3. 赋予责任与使命：负责拍照摄像。

班上要排练元旦文艺汇演的节目，要有学生拍照，摄像。李佳同学举手说愿意承担这个任务，我故作不经意地说："明子，你与李佳一起来做这个事情吧。两个人可以有个照应。"明答应了。排练节目那段时间，有时他午饭都顾不得吃，扛着照相机往排练现场赶。她妈妈告诉我，为了拍好照片，他还从网上下载资料学习摄影技术。从此，他喜欢上了摄影，因为摄影，也拉近了他和同学的距离。和同学走近后，寄宿的同学请他带个早餐，买本书什么的，他都乐意帮忙。就这样，在感动班级年度人物评选活动中，他以高票当选，当选理由是：不爱说话的他，隐藏着一颗金子般的心。

明子后来考上了大学，我为他感到高兴，更高兴的是，这个孩子已走出阴霾，走出封闭，走出自卑，脸上有了喜色，心中有了阳光，学习有了目标，作为他的班主任，如果再问我此时的心情，也许狄金森的一首小诗《如果我能使一颗心免于哀伤》就是最好的概括：

如果我能使一颗心免于哀伤

我就不虚此生

如果我能解除一个生命的痛苦

平息一种酸辛

帮助一只昏厥的知更鸟

重新回到巢中

我就不虚此生。

做生命的盐，就是全身心溶入孩子的世界，成为孩子的知音；就是调和出孩子生命的五味，让他们拥有最美的生命色彩；就是做孩子生命的贵人，使一颗心免于哀伤。

这，就是做学生生命的盐；做学生生命的盐，是一个班主任的价值追求之所在。

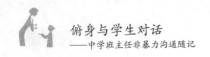

回忆，在毕业之际

面对即将离开的孩子们，我写点什么呢？我端详着她们的照片，往事历历在目，"欲往明日，问道昨天"；每个孩子都会问道于昨天去走向未来的日子吗？如果我的留言能激发他们回忆往日，思考未来，从而很好地把握现在，或者把握他们将来的某个当下，那应该是很欣慰的事吧。

于是，我给每个孩子买了一本书，全班60多个孩子，在60多本书的扉页上一一写下我的留言，虽然给每个孩子只有一句两句话，但这个工作持续了近一周时间。写完这些，有一种很踏实的感觉，似乎完成了一个使命，似乎孩子们都会懂得我文字背后的心意，似乎他们在离开我之后，这些文字会像我的眼睛一样注视着他们，而他们，也能感受到我的注视。是吧，他们能感受到吧，他们会懂得吧？或许现在，或许在某个迷惘的午后，在某个寒冷的冬日，或许在春风得意的中年，或许在尽享天伦的晚年……

这个高高大大的孩子叫大力，我带了他三年，我一度被他言语中所传达的心灵和思想折服：他跟我说他最佩服人的是温家宝总理，他希望自己成为温家宝一样的人物；他读《中国尊严》一书后在班上演讲，说——我们要用尊严计量民富国强。忽视了对尊严的渴望，最终连发展都保障不了，对个人和国家都如此。唯有对内建立人的尊严，对外追求国家的尊严，中国的发展才是可持续的和有意义的，我们的大国梦才能够实现；他写作文，屡屡会有这样的文字：鲁迅先生说过："自古以来就有埋头苦干的人，有拼命硬干的人，有为民请命的人，有舍身求法的人，这就是中国的脊梁。"我不会忘记他们，更不会忘记如今在心中愈加闪耀着光辉的两个字"中国"……班上的几位任课老师也都夸他有思想。可是，我又一度对他的言行感到困惑：他作为班干部对自己应尽的职责有时"事关乎己，也高高挂起"；他会要求老师（老师说了有损他尊严的话）向他道歉，可对自己没能尊重老师却若无其事、无动于衷；他会因为老师没收了他的手机而半夜去撬老师办公室的门拿回手机……当我问及这些，他会说，老师，我只是说些漂亮话而已。他说得那么轻巧，却不知道这话落到我的心上是多么沉重，可是我依然挂着笑容坚定地说：我相信你不只是说说而已，我希望你有一天会用行动去践行你的铮铮誓言。在龙应台的《野火集》的扉页上，我写下：用心灵的高度与思想的深度主宰自己的行动，让生命拥有大境界。

他懂我的文字，懂我送这本书的用意吗？

这个微胖的小女生，叫徐兰，我选了林清玄的《清欢》，并写了这样一句话送给她：那一份清欢，是生命的赐予；那一份美丽，愿得生命的始终。关于她，我有很多美好的回忆：她用她灵巧的双手和爱美的心将班级水房（放扫帚拖把的小房间）打造成有书有画有花有草的雅室；她给同学讲读《纳兰容若词传》，说"纳兰信手的一阕词可以催满山的烟火盛开，可以催满山的荼蘼谢尽"，使班上刮起了纳兰容若风；关于同学情谊，她曾说，同学之间要有爱与美的温柔，情与义的感动，透过爱与美，情与义的温柔与感动，让同学之间流淌着真善美的空气……她也会提醒自己幸福：我们都是奋力登山的人，也许总是羡慕着走在自己前面的人，认为他比自己要幸福。可当你回过头时，会发现，你也在被别人默默地注视着，羡慕着。告诉自己："我比别人幸福。"我曾对她说，喜欢你的清新，如雨后的竹林；喜欢你的温暖，如春日的阳光；喜欢你的细腻，在你的文字和画作里；喜欢你的单纯，在你的眉宇里、你的举止间。清新、温暖、细腻、单纯，多么希望所有这些美丽，能得她生命的始终啊。

还有小颖，她是一个县级干部的女儿，公主气息重，待人有点冷，不喜欢与班上同学交往，我留给她的话是：接纳的心态，亲和的魅力，你值得拥有。还有那个外号叫"小石头"的男孩，成绩不理想，很自卑，但有一颗热心肠，

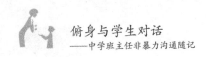

我想我得鼓励他：请坚信"天生我材必有用"，请保持"温暖自己幸福他人"的初心。对气质好很注重个体外在修饰有点高冷的美仪，我写道：气质的高贵不仅在于彰显自己，更在于温暖别人；对学业成绩优异但待人太苛刻与挑剔的聪，我写道：优秀者都有一颗善解人意体贴他人的心。对缺少主见，连穿衣吃饭都喜欢模仿别人的琪，我写道：每个人都有每个人美的特质，做自己，做美的自己……

将60多份留言全部写完，发现写得最多的还是与美丽优雅、温暖幸福有关的内容，比如：林泉的叮当是美的欢唱，一如你美的心灵和雅的品质；做一个温暖的女子：甜美的笑容，开阔的胸怀，善良的心灵；初心永驻，温暖自己，幸福他人……

是啊，一个人如果能保持外在的美丽优雅，内里又有满满的温暖幸福，我相信他一定拥有值得过的人生，同时，也相信他带给他人的也是美丽优雅，温暖幸福。

"不知道"里的美好

开学一个多月了，作为任课老师的我，对班上的同学已基本能"对号入座"。今天上课前，扫视全班，咦，好像有一新面孔，难道我记性这么差了，出差几天，就忘了同学的面孔？一问，两天前插班来了一位新同学——邓明。难怪他有点寂寞。心想，不说给他多少温暖，至少让他感觉到老师的关注也是好的。

上课不久，我抛出了一个问题，顿了顿，笑容满面地说："我想请新来的邓明同学回答一下。"邓明脸上明显地掠过一丝惊讶，好半天才站起来，"不知道。"那极快的语速和满腔的"愤怒"让人感觉他内心充满了敌意。还没等我示意，"啪"的一声，他坐下去了。这"平地惊雷"，使同学们都愣住了。我也被他震到了。就这么若无其事地让他坐下去，好像不妥；当然，对他发一通火也是大可不必的。我提问的初衷是要表达"关注"呀。

我急中生智："听完邓明同学的回答，大家有没有感受到，邓明同学对老师很有感情啊。"同学们面面相觑，不知我葫芦里卖的是什么药，我继续补充说："你们想想，如果他不是用足了感情，他的声音能如此洪亮，表达能如此清晰吗？""哦……"许多同学拉长声音说。

"但是，老师在此要啰唆一下的是，邓明说这三个字的时候，语速过快，用情过多，听来仿佛是要发泄内心无比的愤怒。但我相信，愤怒一定不是邓明在此想要表达的情感。所以一句话该怎么说，多快的语速，多重的语气，都要拿捏好。刚才我极温柔极淑女地（同学们笑）请邓同学回答，大家感觉还好吧。现在老师换一种语气：'邓明，请你回答。'"我以一种比邓明有过之而无不及的语气语调嘣出这几个字后，说："恐怕你们觉得老师不是在请同学作答，

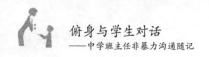

而是向大家扔炸弹吧。"同学们哄堂大笑起来。

晚上，邓明同学在他的作业本里夹着一张纸条：

陈老师，今天上语文课前我被数学老师叫到办公室了，因为作业错得太多了，字又写得马虎，他狠狠地批评了我。我转学到这里，还没有适应这里的环境，功课也跟不上，心里正烦着，您正好叫我回答问题。……请原谅。

我庆幸自己没有对这孩子粗暴无礼，又从班主任那里了解到：这孩子性格内向，来这个班后有点跟不上，压力很大，他妈妈说他想回原来学校呢。好不容易转到这个学校，怎么可以打退堂鼓呢？了解到这些，我在他的小本子写下：德国哲学家尼采曾说，人有三种精神境界：骆驼、狮子和婴儿。第一境界骆驼，忍辱负重，听从于命运的安排；第二境界狮子，敢于说"不"，主动负起人生责任；第三境界婴儿，活在当下，实现人生的价值。你知道在陈老师看来，你像什么动物吗？狮子。今天上课时你的"发威"告诉我，你是一头小狮子了。我还想在其他方面见识你狮子的威风呢，我很期待。

后来，这头小狮子还是克服困难，留了下来。同时留下来的，还有这"不知道"所带来的美好回忆。

"非主流"小西

小西毕业了。我想写写他。

小西相貌普通，成绩一般，性子较缓，说话慢条斯理，不曾做过什么赴汤蹈、火见义勇为的轰轰烈烈的大事，是一个平凡得在人群里不会让人多看上一眼的孩子。同学们都叫他"非主流"。关于"非主流"，学生的解释是，小西总会说一些令人捧腹、令人讶异的话，做一些异乎寻常、不合常规的事。

关于小西，印象深刻的有这么三件事。

（一）

高三第二学期开学的第一天第一节晚自习，我看到很多学生似乎有点心不在焉，便想着帮助大家尽快调整，更快进入学习状态。在第二节晚自习时，我询问大家第一节晚自习的感受与收获，有同学说，已很好地调整了状态，进入了角色；也有同学告诉我，手拿高考复习资料，心难以静下来，翻翻这个，看看那个，一节晚自习就过去了。问到小西的时候，他说，我在看编剧。那语气，似乎完全没有什么不对劲。同学们哈哈大笑，他们大笑的意思很明了，在高三最后一百天紧张的日子里，老师问你第一节晚自习的感受与收获，你说看编剧，这不是笑话吗？我问他看编剧的收获是什么，他不紧不慢地回答："我以此来凝聚自己的心力，让自己静下心来。从第二节晚自习开始，我就准备静心面对高考科目了。"教室里很安静，有同学微微点头。是啊，每个学生凝神聚力的方法和途径都不一样，他就以这样的方式由此及彼地进入状态，就这样舒缓从容地表达心底的声音，没有害怕，没有迎合，真实地言说，做真实的自己。我认为是极好的。

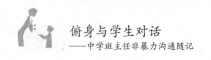

（二）

有一天，我读到一篇学生随笔：

今天第二节课下课，裴老师到我们教室，说了一些肯定和鼓励我们的话，同时给我们送来了两箱牛奶，说是每人一瓶，叫李东平发下去。东平同学一个挨一个发，发到最后，他自己没有了。不知什么时候，小西进来了，得知裴老师发给每位学生一瓶牛奶，便问东平要牛奶，东平懒懒地抛给他一句话："没了，你玩盒子吧。"小西果真走到讲台前的牛奶包装盒前，蹲在地上，玩起盒子来。玩了好几分钟才回到座位上。我看着他，想把自己的牛奶给他，但想到是裴老师发的，终究没有奉献出去。

读到这篇随笔，想到小西天真无邪地认真倒腾牛奶箱子的情景，我忍俊不禁。后来，我买了两瓶牛奶补给东平和小西。将牛奶递给小西的时候，我忍不住问他为什么玩盒子，他微笑着回答说："东平说牛奶没了，叫我玩盒子，我想玩一下盒子也是好的。看见盒子就好像看见了牛奶。"同学们一阵爆笑。他一脸的平静，顿了顿，又补充说，"也像看见了裴老师的心意。"大家止住了笑，这时，我看到他腼腆地笑了。

（三）

有一次，班会课的主题是"同学，我来给你点个赞"，同学们纷纷举手，赞完这个赞那个，气氛非常活跃，在临近下课时，小西举手发言了："我们班的叶子同学努力学习，很多次的课间休息时间，我从她身边经过时，都看到她在座位上一动不动地读书做题。我佩服她的这种学习精神。但是，陈老师，叶子好像太认真了，没有注意劳逸结合，因而成绩不见起色。之前，她的成绩与我差不多，但上次，她的成绩掉到我后面很多名了。"许多同学一阵嗤笑，他全无反应，好像屏蔽了大家的笑声，继续往下讲，"我想我得提醒她注意劳逸结合，提高学习效率，当学不进的时候，要能放得下，出去放松一下，会更有利于学习。"说完，稳稳地坐下了。我知道这个单纯的孩子说的是心里话，也没曾想，拿自己和叶子比较，似乎不太好。正不知如何引导，班长说话了：我觉得小西说的是肺腑之言，很真诚。小西表扬了叶子的好学精神，同时也提醒叶子和我们大家努力学习的同时注意劳逸结合，提高学习效率，这是很好的提醒，不是吗？在班长的带领下，大家热烈鼓掌。

我说，班长的言说和大家的鼓掌我很认同和赞赏。平时我们可能会觉得小西有点迂，有点不合时宜，但是大家有没有发现，他的言行举止，有时会让你们当下瞠目结舌，但事后你们不觉得很有道理吗？和他相处久了，我发现小西有着一颗赤子之心，不矫饰，不伪装，不害怕，不迎合，真诚言说，本色做事，大家都叫他"非主流"，如果这些是"非主流"，那什么才是"主流"呢？我建议大家不再叫他"非主流"，学生说叫习惯了，也罢。

我写小西，是想记住小西，他将成为我美好记忆的主流。

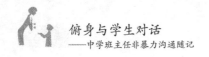

情绪是最好的礼物

你也一定有这样的时候：一个平时很乖巧的孩子，你是那样欢喜地呵护她，她也是那样亲近地享受着你的关爱，可是有一天的某个时刻，她突然来情绪了，那蓄积已久的像沸水一样的情绪爆发，你是愤愤地想"好心被当成了驴肝肺"，还是能看到她突发的情绪背后的需要呢？

思思的乖巧，思思的优秀，是看得见的。

班上推行"日行一善，德养一生"的活动，她十分欢喜，每天必行一善，并且认认真真地记录，如：在朋友受伤的包了绷带的手上签了个字，祝他早日康复。安慰了因考试不好而难过的小萱和小玉，明明我也需要安慰；把语文书借给了总是会丢书的男性生物……

她喜欢写作，文章自是写得极好，我也乐意与她交流，有时也会做一些指导。她一点一点地听着，"不违，如愚。退而省其私，亦足以发。"

高三时，原宣传委员不想干了，一时没谁推荐他人，也没人毛遂自荐，教室里的气氛有点尴尬。她主动站了起来，老师，我来吧……

我不厌其烦地历数这许多，只是想让你知道，那份师生之间的融洽和谐美好是无时不在的。

可是……

有一天晚自习下课，我正看完她的作业，发现有两道题她做得不理想，我招呼她过来，跟她讲错在哪，该怎么修改，为什么要这样改……第一道题还没讲完，她急急地打断我："老师，我现在连语文题目都不知道怎么做了。上次您说要这样这样，上上次您又说要那样那样……原本我有自己的思考与判断，有自己的答题思路与模式……"

那连珠炮迅速地砸向我，声音不大，但情绪很大，语速极快。我目瞪口呆。有那么一会，我不知所措。还好，我很快反应了过来："思思，看来你有情绪了？！"一个人有情绪的时候是听不见任何建议或意见的，"好吧，今天我们先到此为止吧。"

于我，当然不可能到此为止。

为什么会这样？！我不断地自问。

一段时间以来，她在做什么？竭尽全力学习数学，可是数学并没有因为她的努力而给她一点阳光，仍是一如既然往地黯淡；语文是她的骄傲，可几次考试下来也颇不尽如人意。

一段时间以来，于她，我在做什么？我给予了她很高的期望，给予了她很多的关注和帮助：于她的数学，我使不上力，于她的语文学习，我还是可以帮上一点忙的。想起最近几乎每次作业后，我都会主动找她当面批改：主要是指出她答题中的知识漏洞和表达错误。

这种关注是她所需要的吗？这种指出不足是她所需要的吗？我给予她关注和帮助的同时是不是也给了她莫大的压力？她需要的是压力的释放还是方法的指导？她需要的是老师的肯定还是老师的指责……

也许，我一直在缘木求鱼，今天她的情绪暴发终于提醒了我。

只是，孩子在情绪暴发之后怎样想呢，她有没有担心呢，是否担心老师怎么看她，这份担心是不是又会增加新的压力……

这样想着，我觉得一定得跟她说点什么，以让她放下包袱。

在教室外的走廊上，我们面对面。

我还没开口，她说，老师，对不起，让你不高兴了。很显然，她误解了。我告诉她，她的情绪反应所带给我的反思和修正。思思知道了我的诚意，回到教室后，又给我写了一张卡片：

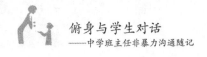
陈老师：

虽然刚才你找我谈了心，但我觉得还是有必要写这一封信。

最近，我一直处在很焦躁的状态，常常没道理地想要发火，好像内心里盛了一壶翻滚的开水。没想到今天我会打翻这一壶水，原本很担心，这壶水一定烫到了您，让您很伤心。没想到您拥有金刚不坏之身，同时又是那么的能理解我，谢谢您。同时，我也想向您表达歉意，对不起……我会不断审视自己学习上的动态，注意调整情绪、方法和策略。写完这封信，我的心情轻松了很多……

情绪是需要的信使。每一个人的行为都是由背后的需要驱使的。如果我们不去体会孩子行为背后的需要，就堂而皇之地站在道德的制高点指责他们，结果只能适得其反。

如何看待情绪，有很多视角，不同的视角又会影响我们用不同的方式对待它。很高兴今天我能很好地从非暴力沟通的视角来处理思思的情绪。当我感受到了思思的不良情绪反应后，注意体会思思情绪背后的需要，这个过程帮助我平静下来，然后反复与孩子的需要连接。因为连接到了思思的需要并主动表达了我的感受和需要，使她的压力得到了释放，身心得到了滋养。我也得以释怀。

在非暴力沟通理念里，一个人的行为是满足自己需要的尝试。如果学生的行为我们不喜欢，我们想改变他人的行为，我们就要了解他人的行为背后想满足自己什么需要，并帮对方看到满足那种需要还有另外的策略。而不是一味地改变他人的行为，更不是要他人按我们的意志去做。

很高兴我看到了情绪给我的礼物。

弱化问题，看到成长

数学老师拿着数学试卷走向我："你看，这个小敏的数学成绩怎么能提高，连最基本的公式定理都弄错了，都提醒过她多次，怎么老是犯同样的错误呢，什么时候能让我省点心呢……"

小敏的数学成绩不好我是知道的，但小敏多次跟我说她要学好数学，平时也看到她认真做数学题的模样，怎么会一直没进步呢？数学老师告诉我，他给小敏单独辅导过，提过要求，追加过作业，可是成绩总在原地踏步，说完，他一脸的无奈。

作为当事人的小敏，也许更无助更痛苦吧。

我请小敏到我办公室，想听她怎么说。

她看着我手上的试卷，竟然有些兴奋，咦，我终于及格了！

终于及格了，你很高兴？

是啊，不然呢？

我有点纳闷，面对同一张试卷，数学老师看到的是最基本公式定理都错了，一脸无奈，小敏看到的是自己及格了，一脸的兴奋，为什么？

这是两种不同的取向，一种是问题取向，一种是成长取向。作为老师，我们一般看到问题，希望从问题出发解决问题。可是，很多时候事与愿违。

"让我猜猜，数学老师刚才跟您说了什么。"小敏打断了我的思绪，"你看，最基本的公式都弄错了，一错再错，怎么老是犯同样的错误呢，她怎么就是记不住呢，也许还得加上一句他心里的话，真是笨得可以……"

我忍不住哈哈大笑。问她是怎么知道的。她告诉我，老师把这些话在她耳旁重复了上十遍了。我止住笑，这些话又何尝不是我常说的呢？很多的时候，我们看山不是山，看水不是水，我们眼里只看到问题，心里只有对问题的焦虑。

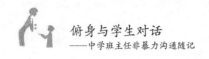

于是我们忍不住批判：你怎么又弄错了呢？忍不住要求，你哪怕把公式抄上十来遍强行记住也可以呀。忍不住催促，你要到什么时候才会弄明白呢？忍不住担心，忍不住责备，忍不住情绪高涨……学生就会退居到我们看不见的位置。

我说得没错吧，她追问。我不置可否。

我问她，面对这张数学试卷，你希望老师对你说些什么？

突然，她哽咽了，吧嗒吧嗒地直掉眼泪。

沉默了好一会，她说，我希望老师能够对我说，哇，你终于及格了，太好了，让我们庆祝一下；我也希望老师说，这道题虽然又错了，但你可以从中获得宝贵的学习。

我点点头。我明白孩子的话，面对暂时落后的她，她希望老师能体会她内心的感受，明白你心中的需要，以此为出发点，她希望老师能看到她的成长与进步，希望老师给予她更多的鼓励与信任……

顺着她的意思，我思忖，"你希望老师关心地说，是什么妨碍了你学习数学，我怎么才可以帮到你；你希望老师能够尊重你，你的学习你自己负责，如果你想暂时放下这几个公式定理也没关系，相信你有一天一定会直面它……"

这样想着，我帮她擦去泪水，说，你还希望老师帮你擦去泪水，对你说，我相信你会越来越进步，会慢慢地攻下一个又一下的难题，享受到学习数学的乐趣。

她抹了抹眼睛，笑了。

如果不是亲历，我真不清楚，问题取向和成长取向会有这么大的不同。这件事给了我一个特别的警醒：当我们看到的只是学生问题的负向反应，学生的问题就会在循环中不断持续不断放大，因被问题支配，我们创造出了更多同样的问题，结果，问题被学生学习和内化。结果，学生问题演变成了问题学生。我们只有坚持用成长取向来看待每一位学生，看待学生的每一个阶段，我们才可能摆脱之前以问题为导向的惯性。即便某个时候出现了那个惯性，我们也能及时地觉察并转化过来，不再轻易地批判学生，而能给学生更多的理解、鼓励和帮助。

"枕头法"在处理学生冲突中的应用

(一)认识"枕头法"

"枕头法"是由一群日本小学生发展出来的,它是帮助我们在无法认同对方立场时增强同理心进而妥善解决问题的一种方法。

枕头法具体是怎样的?如下图。

立场 1:我对你错

立场 3:双方都对, 立场 5:所有的观 立场 4:这个问题
双方都错 点都有道理 不重要

立场 2:我错你对

我们可以把这个枕头模样的长方形看作是一个思考模型。这个长方形的每条边代表一个立场,4 条边 +1 个中心穷尽了人与人交流沟通的 5 种可能性:

第一种可能性:我对你错。

第二种可能性:我错你对。

第三种可能性:双方都对,双方都错。

第四种可能性:这个议题不重要。

第五种可能性:所有的观点都有道理。

当学生在交往中发生矛盾或者遇到冲突时,试用这一方法,可以增强双方

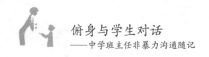

的认知，从多角度理解对方的言行，增进彼此的同理心，既妥善解决问题，又修复双方关系，使双方重归于好。

（二）"枕头法"案例呈现

背景：

大有和小明两位男生在打篮球时发动了冲撞，小明被大有打了一记耳光，扬言要报仇，班干部告诉了我。

过程：

我先把小明请到了办公室，从小明这里我了解到的情况是：大有被小明踩到脚后打了小明一记耳光，小明非常生气，准备还手之际，被伙伴们拉开了。小明很委屈，觉得自己只是无意中踩到了大有，而大有则是狠狠地打了他。小明很不服气恨得牙痒痒的，怎么说也要把这一记耳光还回去。

小明的情绪还很高涨，我觉得讲道理没用，换了谁被打，而且打得不轻都会咽不下这口气。我安慰小明后，请他先回教室冷静冷静，待我找大有了解情况后再找他。大有道出的情况如下：今天我确实重重地打了小明一下，因为小明踩到脚的那一刹那真的很疼，虽然他不是故意的；另一个原因是，平时小明总会当着许多同学的面挖苦、讽刺我，极大地伤了我的自尊。每次听到小明的挖苦，都想一拳打过去，但碍于面子，一直忍着。今天恰好有了这个导火索。最后大有不忘补充，老师，小明说话真的很伤人。你可以去问问同学。

我就今天发生的事和平时小明与大有的交往情况问了几个同学后，让小明和大有面对面陈述事实和感受。听了大有的陈述，小明很讶异：平时在一起大家说说笑笑，我是开玩笑的啊。大有不服，列举了小明的两个玩笑话，反问小明，玩笑是这么开的吗？你知道我多么伤心吗？不只是我，大家都觉得你说话很刻薄的。小明更是吃惊：我说话刻薄？

"不信你问几个同学吧。"大有顿了顿，"只是，大家天天见面，不一定会对你说实话。"

"那你为什么不告诉我，一定要今天这样打我吗？"说到大有打人，小明情绪仍很激动。

我感觉虽然双方各说各话，各持各理，但有了冰释前嫌，重归于好的基础。只是双方特别是小明还没放下心中的怨气，我决定采用"枕头法"，在陈述了枕头法的基本操作后，我让两个孩子背对背各写"枕头"内容。15分钟左右，两个孩子都写好了。

我首先请小明念"枕头"内容：

立场一：我对你错。

你错了。我只是不小心踩到了你的脚，打球哪有不碰撞的呢？你却打了我一记耳光，你也太狠了吧！

立场二：我错你对。

我错了。你说，你打我是因为我每天嘲弄挖苦你，伤了你的心。仔细想想，我以为大家都每天玩在一起，是好朋友，也就口无遮拦了。

立场三：双方都对，双方都错。

我们两个人站在自己的角度考虑，都有理；站在对方的角度考虑，又都事出有因，大有因为天天受着我的嘲讽，心在滴血也没有回击过我，我给他带来了莫大的伤害。

立场四：这个议题不重要。

公说公有理，婆说婆有理，如果冤冤相报，我们就只剩复仇之心了。仇恨在心，天天都提心吊胆，就不要学习了。如果我纠结于这个事情，算了吧，谁叫我口无遮拦，出口伤人呢。

立场五：所有的观点都有道理。

从方方面面想了这么多，如果大有能就今天的事诚恳致歉，我也愿意和大有握手言和。

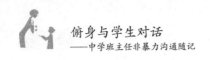
接着是大有念"枕头"内容：

立场一：我对你错。

我没错，我受够了你，你几乎天天挖苦我，你知道我有多痛苦吗？因为天天在一起，抬头不见低头见，我一直忍着。今天我总算出了一口气。

立场二：我错你对。

我不应该打你的，毕竟我们是同学。我平白无故地打了你，你该有多伤心。因为你一直只是开玩笑，没想着中伤我，是我误会你了。

立场三：双方都对，双方都错。

似乎我们都对得有理，也都错得有理：你错了，虽然你说平时只是开玩笑，但我确实很受伤；我也不对，打球时你只是不小心踩到了我的脚，你又不是故意的，我怎么可以打你呢。

立场四：这个议题不重要。

其实也不是多大的事，我之前问问清楚的话可能不会误会这么深，伤了同学的感情。放下之前的不快，重拾友谊才是最重要的。

立场五：所有的观点都有道理。

说了这么多，好像都有道理，我最后想说的是，我愿意向小明道歉，和他重归于好。

等大有念完，我趁机对大有说，大有，你说你愿意向小明道歉，去和小明道个歉，握个手吧。

双方互换"枕头"，互相致歉，握手言和。

（三）"枕头法"能有效解决问题的原因

1. 深入了解是前提。

很多时候，事情并不是孤立的。只有深入了解情况，让双方知己知彼，才能探知清楚矛盾背后的诸多原因，从而有助于问题的解决。小明因为了解到自己平时的玩笑话带给了大有的伤害，才明白受伤的不只是自己，复仇的念头打消，矛盾的焦点转向，情绪也趋向于缓和了。

2. 足够尊重是关键。

运用枕头法前后，我都没有说教和指责，让孩子既有冷静思考，又有情感交流，维护了孩子的自尊心，培养了孩子的反思力，同时也把结果的选择权交给了孩子，让孩子得到了足够的尊重。

3. 归属需要是保障。

归属感是每个人生命中都需要的东西。它使人与人相互联结成一个系统，它也是使人极力维护好这个系统的有力保障。当矛盾冲突会破坏掉这个系统时，每个人都会审慎考虑。"放下之前的不快，重拾友谊才是最重要的。"大有的这一心声就是这一需要的有力表达。

（四）"枕头法"对解决学生冲突的启示

萨提亚说，行为不是问题，如何应对才是问题。面对学生的冲突，我们一般的应对之策是各打50板，或者严肃地指出他们各自的错误，这样问题只是停留在行为层面，行为的发生已成事实，纠缠其中无助于问题的解决，甚至可能强化双方的负面情绪，加剧双方的矛盾。枕头法能帮助学生有效应对问题，成功解决冲突。

1. 知觉转向：主动换位思考。

不同的角度，会引出不同的理解，不同的理解就可能导致误解的产生，人际关系的恶化。大有就是因为对小明的误解才有打人的冲动。"枕头法"的立场二"你对我错"引导双方主动进行换位思考，主动换位思考的过程，是人对人的一种心理体验过程，是将心比心，达成理解不可缺少的心理机制。大有换位思考，认识到自己打人的"不应该"。体验到"我平白无故地打了你，你该有多伤心"。小明也感受到，"我每天嘲弄挖苦你，伤了你的心"。这样的思

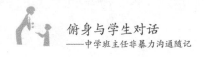
考一下子贴近了对方的心灵，内心由之前的"恨"转化为此时的悔，换位思考成了最终和解的关键。

2. 情感转向：学会同理他人。

"枕头法"五个立场的不断转向，是帮助双方有效建立同理连接的过程。同理连接是建立良好人际关系的重要条件。特别是在双方发生冲突的情况下，如果双方能够从同理心的角度，去感受对方的感受、情感和态度，并将这些感受传递给对方，则可能在情感体验、思维方式等方面与对方联系起来，使对方去除伤心、恐惧等感觉，感受到应有的理解和尊重，达成相互之间的体谅和爱护。从小明的"枕头"内容来看，在同理连接中，小明不但放下了对大有的报复念头，还能感同身受：（大有）天天受着我的嘲讽，心在滴血也没有回击过我，我给他带来了莫大的伤害。甚至理解到冤冤相报无了时，提心吊胆无益于学习，虽然心理上还有个坎迈不过去，但希望放下执念与大有和好的信念已经在心中树立。

3. 认知转向：放下对错看到本心。

双方之所以有冲突，是因为双方都认为自己有理，错在对方。在各自的坚持中，找不到共同的立足点。梭罗曾说："一个人越是有许多事情能够放得下，他就越是富有。""枕头法"的立场四"这个议题不重要"让双方放下执念，将争执的焦点淡化后，发现两个人的观点是那么地接近，从而在对错之外看到自己的本心所在。放下对错之后，大有"愿意向小明道歉，和他重归于好"，小明"也愿意和大有握手言和"。鲁米有言，"在对与错的区分之外，有一片田野，我将在那里遇到你"。当两个孩子改变认知，看到美好的心灵，不再拘泥于对错，负面情绪烟消云散，美好的心性得以流露，和谐融洽的关系也得以重建。

抵抗，且微笑着

"抵抗，且微笑着"是小娅语文课前演讲的标题。

演讲的准备及内容在演讲前我是要了解和指导的。

她所选的演讲内容是马克·李维最热血的一部作品《自由的孩子》。内容很好，可是相较于别的学生呈现于我眼前的详细的文稿和精美的PPT而言，她的准备似乎很不充分——还只是一个写在语文本上的提纲，密密麻麻的字里行间有许多涂涂改改的地方，要看清楚着实不易，或者说我没想去费神地看清楚她写了什么。当其他同学所讲从内容到形式都做得那么完美，树立了那么多榜样之后，轮到她，竟是如此粗糙，心中觉得不必惯着她了。又不想在言语上直截了当地无情。待我看清楚了内容的三个要点，便微笑着说："能由一本书读出如此明晰而深刻的三点感悟，内容把握得很好。请紧扣这三个点，试着与现实、与自我对接，继续打造你能力范围内所能展现的尽美，例如PPT的制作。"

"老师，虽然不是尽美，但我尽力了，这些天为了这个演讲。"她挤出一丝笑，丢下这句话，风一样的飘走了。这一幕，像极了她演讲的标题"抵抗，且微笑着"。

岂止这一幕。

我想起了开学初，她找我辞去卫生委员一职的情景。开学初选拔班干部时，她对同学们说：请原谅我自作多情，不要投我的票，我不再想担任班干部……可是投票结果是，她又以高票当选。于是她来找，也是带着淡淡的笑，说不想当了。我请她说原因，她不说。然后我开始猜，卫生委员经常要比别的同学多做些，是不是太累，她摇头；是不是费力不讨好，班干部尤其是卫生委员每天得面对卫生问题，难免与同学产生摩擦，她又说不是；我猜什么她都说不是，

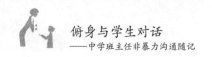
就是不想当了。在孩子温柔的坚持下，我答应了。我至今不知道她辞去卫生委员的真实缘由。不管是哪个缘由，或者没有任何理由，我都能理解她拒绝连任的心情——中学时，我也担任过卫生委员，还因同学做得不好挨老师的批评哭过鼻子呢。

可是今天我却没能理解她。我心里的第一反应是本能的反感，明天就要上台演讲了，今天拿过来的还只是一个粗制滥造的提纲？带着这种反感，即使微笑挂在脸上，即使话语含蓄委婉，也掩藏不了那个反感的声音。

又想起《看见》一书中柴静采访卢安克的片断。

柴静去采访卢安克时，看到七八个孩子滚在卢安克怀里打来打去，柴静的第一反应是很反感，可是卢安克不是这样的，卢安克说：

"我知道他们身上以前发生的事情，还有他们不同的特点，都可以理解。"

"如果已经理解，然后再去跟他们说一句话，跟反感而去说一句话是不一样的。"

接触非暴力沟通已有三年多，这个道理我懂，可是今天我仍没有做好。正像一句话所说，我们懂得了很多道理，却依然过不好这一生。

抵抗，且微笑着，这样的说话态度或说话艺术一定好吗？如果，我，抵抗，且微笑着；所以，她，也抵抗，且微笑着，那么，彼此是在微笑中走近，还是在抵抗中疏离？显然是后者。

娅再次找我时是在晚自习。我请她在我身边坐下，和她一起看她制作的PPT及所写的文字稿。我再一次肯定了她的"三点感悟"直击原书中心内容，她告诉我她如何将这三点感悟从小说里援引出来，并与现实生活中的人和事对接，来彰显其价值和意义。我向她竖起了大拇指。最后审视全部内容时，发现其内容与标题很不切合。我问她是保留内容修改标题还是坚持标题调整内容？我是倾向于改标题的，毕竟内容是她熟读著作而得来的深刻体悟，是她这次演讲的亮点所在。且保留内容换个标题也许几分钟就可以搞定。但这次我没有着急，我等她自己做决定。她犹豫了好一会，问我，老师，可否推迟一天？看来她有她的坚持，她是宁愿换内容也要保留标题了。这一次，我没想去说教，去说服。我微笑着同意了，没有反感。

课前演讲时，她娓娓道来：二战期间，法国被纳粹控制，法国人民失去自由的权利。在这种情况下，法国政府非但没有采取抵御外敌的措施，还对纳粹表现一副奴颜婢膝的模样，看到政府对人民的不管不顾和纳粹对犹太人无情的捕杀，一群来自不同国家的少年怀揣着自由必将到来的信念，毅然决然地加入到了抵抗运动中去，踏上了一条暗杀之路……

那一刻，我想，如她生活在那个时候的那个国度，她很可能是那群少年中的一个；那一刻，我想，暗杀之路上必有血腥，有没有可能非暴力不抵抗，至少我们这样想过才有可能找到另一条更好的路。

演讲快结束时，她的言词更是慷慨：我非常热爱"抵抗"这个词。抵抗，抵抗所有的束缚和偏见，抵抗毫无根据的评头论足，抵抗一切损人利己的论调、怨言……

抵抗，且微笑着。就是我演讲的主题，她在讲台上如是说。

放弃抵抗，且微笑着，试着理解对方，然后彼此成全。讲台下，我如是想。

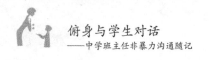
谢谢你给我的爱

杨：

你好。

还记得前几天你发给我的这条短信吗？

"陈老师，今天开家长会辛苦了。我妈妈说您很好哩！说我很幸运可以遇到您当班主任。这次我没考好，她竟然鼓励了，这是生平第一次对我的鼓励……"

杨，那天，我再一次被你感动，这不知是多少次被你深深感动了。走上讲台20多年了，你是第一个每次家长会后都会给我发短信的学生。

从这条短信往回看，有许多条，许多许多条……我的大拇指在手机屏上缓缓滑过，滑到了你发给我的第一条短信。

（一）

2016 年 12 月 22 日

陈老师，我是真的很谢谢您对我的关心，说心里话，您已经成为了我生命中最重要的人……您今天还给我剪刘海，这是我想象不到的。您一剪刀一剪刀轻轻"咔嚓咔嚓"的时候，我眯着眼，差点流下泪来。回教室后同学都跟我说这个发型很萌……我跟他们的距离更进一步了，我的心门也进一步打开了……

杨，这是你发给我的第一条短信。22 日晚上 10:47 发给我的，几近 300 字，满满的都是对我的感谢。我现在都回忆不起来那天对你说了什么。剪刘海，是有的。哦，我记起来了。我看到你月考考得不太理想，又发现你一段时间来闷闷不乐，所以想和你聊聊天。可是，你开始不愿意说。一个人要充分信任另一个人真的不容易。虽然我是老师,虽然这会儿我是来关心你,想帮助你,但学生非得配合老师的关心么?所以我说你不想说也没关系。我们随便聊聊好了,后来,你说你有两个困惑。我默默地听着,微笑着听你说着。在我期待第二个困惑的时候,你又不说了。我觉得一味地等着你开口好生尴尬。看到你的刘海盖过了眼睫毛,太长太厚,我说我可以帮你剪剪刘海吗?你犹豫,我告诉你我的刘海就是我自己剪的,看了看我的刘海后,你同意了。你说你妈妈经常给你剪刘海,她剪得不好看,你不同意她剪,她非得剪,后来,你就跟我说了你的第二个困惑……

还好,我剪的刘海得到了你的认可和同学们的表扬。

我做了什么呢?帮你剪了刘海而已。

(二)

2016 年 12 月 26 日

陈老师,今天开家长会辛苦了,两个半小时的家长会,您一口水都没喝,说心里话,我有些心疼。

我回:杨,谢谢你的关心。周末和妈妈好好聊聊。

2016 年 12 月 27 日

陈老师,这个周末我跟我妈妈聊天了,我的心结也彻底打开了,这要感谢您,要不是您,我可能永远也无法正视这件事情。

我回:好的。我相信你会越来越优秀。晚安!

这是我们这两天的短信往来。你亲自去打开了阻隔在你和你父母之间的心门。你真的去尝试了,尝试后发现事情完全不是想象的那样吧。是啊,很多时候我们都被那只想象中硕大无比的老虎吓住了。当你勇于尝试、敢于面对后就解开了心结。你得感谢你自己的主动与勇敢。

我又做了什么呢?哦,给你提了个醒。而你以你的行动告诉我,真正能改

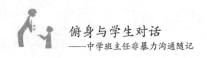

变你、成全你的只有你自己哦。

（三）

2016 年 12 月 28 日

陈老师，我会努力的。即使它不会很快见成效。不忘初心，方得始终。念念不忘，必有回响。

2016 年 12 月 29 日

老师，我现在整个人都舒服了。为了梦想，我会加油的。

2016 年 12 月 30 日

陈老师，感谢您对我的关心以及不嫌弃我啰唆地每天晚上给您发短信，每晚给您发短信已经成为了一个小小的习惯……

这几天，你每天晚上都给我发短信，还说"每晚给您发短信已经成为了一个小小的习惯"。我开始担心起来，担心你认为我对你的爱超过你妈妈对你的爱，担心你对我的爱胜过你对你妈妈的爱，担心我成为你的负担（每晚短信问候最终会成为一个负担的）。还记得吗？ 12 月 31 日上午，我找到你。跟你讲了一个故事——那个只是因为吃了一碗免费米粉就说米粉店阿姨比妈妈好很多倍的孩子的故事——世上任何一个人对你的爱都不可能超过你妈妈对你的爱，我也是。你无限放大我对你的爱，我不能让你爱的天平向我倾斜啊。傻孩子，母爱是最伟大的，无可替代。

我很高兴你懂得"滴水之恩"的道理，却也着实惭愧从你那里享受到了许许多多的爱，真的。

（四）

2017 年 1 月 1 日

终于等到 12 点了，陈老师，新年快乐！ 2016 年我最开心的事就是遇见了您，您给了我最温暖的关心……

2017 年 1 月 21 日

现在我已从阴影中走出来了。跟班上同学相处越来越好，想要实现梦想的决心也越来越强烈。所以，斗志越来越强，心态越来越好，笑容越来越多。我也在努力试着从我爸妈的角度思考问题，即使这需要一个过程……

2017 年 2 月 7 日

陈老师，新年快乐哦！教过我的老师有许多，您是我第一个愿意交心的……您会是我一直都铭记的老师。

2017 年 3 月 21 日

陈老师，很高兴我这次考试有了很大的进步。我会朝着梦想继续努力，哪怕每次只能离梦想靠近一点点。现在，我的能量可是大大的，满满的……

杨，看着以上几条短信，我看到了一个学会了换位思考的女孩，一个信心满满、斗志昂扬的女孩，我看到了那个在讲台上告诉我们"理想，就是一种力量"的女孩，我看到了那个正在向"自由之风永远吹"的斯坦福大学迈近的女孩……

苏格拉底说："世界上最快乐的事，莫过于为理想而奋斗。"杨，我可不可以对你说："世界上最快乐的人，就是正在为理想而奋斗的你呀！"

杨，高二很快就要结束了，我们的相处也快一年了。谢谢你给我的温暖、给我的爱。在信的末尾，我想告诉你的是，我会一直记得，有一个温暖的孩子，让我的生命阳光灿烂。

杨，谢谢你。

祝你梦想成真！

你的老师、你的朋友　陈立军

2017 年 6 月 3 日星期五

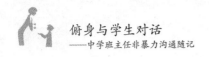
老师，你听懂了我

小宇递给我一张纸条，陈老师，今天晚自习我想和你聊聊天。我看过纸条，点了点头。

月考不理想的小宇主动说要找我聊天，我得做一些准备。

记得有一次聊天时，她告诉我，她和爸爸妈妈缺少交流，有时说不上几句就会彼此很不愉快。她说，爸爸妈妈总会说你不要这样想啦，你哪是这样子的呢，你已经做得很好啦，你还是要去补习数学，我建议你……一方面她觉得他们所说的都在理，另一方面又觉得她们的每一句话似乎都与她内心所想相违背。我想，小宇之所以有这种感觉，可能是父母总是倾向于安慰、建议，而很少感受小宇的感受。交流快要结束时，我说，作为老师的我，也常常好为人师，听不到学生的心声。她看着我，说，确实。并且举一例说：有一次和她聊天快结束时，提到了她的好友玉儿，她瞪大眼睛对我说，老师，你知道你上次说了一句什么话让我事后难过了好一阵子吗？你说，我要向玉儿学习，她开朗大方，从不把小事放在心上，即使有不快，不出三秒也就过去了。那天，我本来有点难过，觉得自己好像样样不如小玉，结果你还这样说……

是啊，面对一个向你诉说心事的人，你一味地安慰他，在心事面前，安慰轻如鸿毛；你告诉他应该要怎么做，对一个痛苦的人来说，你这样做无异于火上浇油，适得其反。他如果需要的是安慰，收获的却是指责，结果自是可想而知了。

听着孩子的诉说，看着他们沉浸于自己的痛苦之中无法自拔，我们似乎这也做不了，那也做不了，我们到底做什么为好。

"不要急着做什么，站在那里"，有一句佛教格言如是说。这句格言告诉我们，面对一个诉说者，我们只要倾听，不需要特别地去说什么或做什么，只要听到对方。

我得准备好静静地聆听小宇。我能听到小宇的什么呢？

晚自习时，教室外面的走廊上，静静的，靠着栏杆，我们开始了交流。

……

"这次玉儿考得比我好很多。"她说。

我看着她，点了点头。

"上个月我考得太好，出乎我的意料。其实这个月我比上个月要更认真的。因为我想保持这个成绩，可是没想到反而落下去了。"

我听到了她的感受。她有点难过。于是我说："你有点难过，你觉得一分耕耘应有一分收获。"我接过话。

"是的。玉儿好像没怎么用功，结果比我考得好。"她顿了顿，继续说，"今天中午和玉儿一起去吃饭，我说没考好，都不想去食堂了。她说，这有什么好难过的。你只比我少 20 分而已，上次我比你少 30 分呢。"

我继续体会着她的感受。"你有点难过，你觉得她不该这样说？"

"当然啦。她怎么可以说这有什么好难过的呢？又怎么可以这样比较呢？好像对我很不屑，又好像很高兴我考得比她差。"

"你其实知道她内心里不是这么想的，但这话让你听了不高兴。"

"是的是的，正是这样的。"小雨急切地说。看来我听懂了她的心情。

"她那话感觉她把我当成了对手。我这次主要是数学考砸了，比她少了 40 多分。我要向玉儿讨教如何学好数学，我希望我们两人，共同进步。"

"我要向玉儿讨教如何学好数学"，这话是不是在表达想和玉儿同桌的想法，以方便玉儿帮她学好数学？她们之前同桌过，后来因为座位的变动又没能同桌了。而我们班的座位编排不是想和谁坐就可以和谁坐的。所以她犯难，或

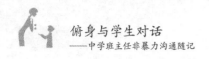
者她并没有这个想法。

我想起了另一个故事。在日本的一节社会课上，一名女生点了同一个小组的男孩发言，男孩虽然是主动举的手，但其实并没有把握，所以站起来大约三十秒钟没说话。三十秒内，没有其他组员争着要发言，也没人悄悄告诉他答案。面对这种情况，佐藤学老师说，这叫"无所事事的体贴"。因为每个人内心其实都想成为自立的人，在他很明显地表达出需要帮助前，你最好先按兵不动。所以，我们习惯在学困生旁边放优等生的做法是不妥当的。我们要教的是让学困的孩子有问题敢问，提问是他的责任，他要学会自己去解决问题。

我不能自作主张，于是问她："你是不是有什么想法希望得到我的支持？"

"老师，我想和玉儿同桌……"

后来，她通过和别的同学换座位和玉儿成了同桌。小宇经常请教玉儿数学题，玉儿有时也会主动帮助小宇。他们常常高兴地一同进出教室，形影不离。

很高兴，这一次我没有好为人师，我只是倾听，在静心地倾听中，我倾听到了小宇的感受，倾听到了小宇的心情，倾听到了小宇的需要，并最终满足了小宇的需要。我想，下次聊天时，小宇可能会说，老师，上次你听懂了我。

有一首关于倾听的小诗，其中几节是这样的：

当我要你倾听我

你开始给我建议

你没有做我想要的

当我要你倾听我

你开始告诉我

不该有那样的感受以及为什么

你在践踏我的感受

当我要你倾听我

你觉得需要做些什么

以帮我解决问题

你辜负了我

虽然这听起来很奇怪

倾听

我只要你倾听

不需要你说什么或做什么

只要你听到我

是的，生为人师又好为人师的我们，在学生面前，我们要学会的是：倾听孩子，并且听到孩子，听到他们的感受，听到他们的心情，听到他们的需要，就好。

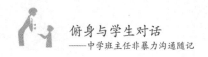
大道之行行心中

暑假担任特岗教师招聘的评委。一男孩抽到的说课内容是《大道之行也》。在说到课堂导入的时候，他说："我会采用提问法导入，提问学生，你对现实社会满意吗……？"

我隐约感觉他内心对这个社会可能是有些"看法"的。在评委提问的环节里，我问他："刚才你在说课环节里说会以'你对现实社会满意吗？'导入，现在我想请问你同样的问题并请说说为什么？"他语无伦次地回答："就我个人而言，我对这个社会很不满意。为什么那些当官的几乎个个是大肚子？广大农村一片衰败，公交车上看不到小孩给老人让座……"顿了一会，他又补充，"来长沙我还是看到有人让座……很多老人家没人养，总之有很多不满意……"

他除了"我对这个社会很不满意"这一句说得斩钉截铁之外，其余不多的话有些吞吐也有些断续，在他的这份坦诚与大胆里，在他前后矛盾自我否定的话语里，也许他的不满更多的是来自道听途说的"现实"，他自身并未遭受多少"劫难"，但他似乎有着过分的"清醒"，他又会在学生面前怎样传达他这份"清醒"呢？于是我追问："当学生对这个问题的回答跟你的回答基本雷同或完全相反时，你会作怎样的引导或回答呢？"他支支吾吾，怵在那里，良久。

我想对这个考生说，鲁迅先生在去世前写过一篇文章《我要骗人》，里面有一个故事：一个冬天的早晨，他碰见一个天真热情的小女孩，向他募捐。先生非常清楚当时国民政府的腐败，小女孩辛苦募捐来的钱绝对到不了灾民（那年头水灾旱灾不断）的手里。在鲁迅先生看来，小女孩募捐一事是毫无意义的。但是，鲁迅先生没有这么说。他拿了一大把钱给小女孩，并对小女孩说，你做的这个事情非常有意义，非常有价值。鲁迅先生在生存的困境与言说的困境面前，他敢于正视周围的现实与环境，因而让人觉得"我要骗人"的鲁迅比说真话的鲁迅更可敬。

我还想对这个考生说，安徒生一辈子经历了太多的残酷、冷漠与歧视，但是我们从他的童话里读到的是这个世界的美丽，是他对世界的无比的热爱。他是把人世间可能想象出来的美好事物留给了这个世界，留给了属于现在和未来的人们。

我也想问他，《新少林寺》看过没有？那个骄横跋扈，视平民如草芥，结果被副官曹蛮出卖，以致家破人亡的军阀少帅侯杰，在大彻大悟后终于明白：曹蛮是我一手把他培养出来的，我把自己的想法全部教给了他，他这个人完全是我教坏的。我有责任帮助他彻底悔悟，迷途知返。在少林寺，侯杰几次对曹蛮舍命相救，最后付出生命的代价终于使曹蛮放下屠刀，立地成佛。面对这个他多年视之为兄弟却对他恩将仇报的家伙，如果侯杰还是那个视人如草芥的侯杰，如果他的心中没有生长慈悲情怀和禅武精神，他怎有力量大义救人。正所谓"败也萧何，成也萧何"啊。

是啊，在视老师为神明，视老师的话为圭臬的中小学生特别是小学生面前，老师的每一句话都可能在他们的心灵上留下深深浅浅的印痕，老师的言说怎可不慎重？

在那样的场合，我不可能长篇大论，我微笑着说："你不敢快意地言说，似乎感觉到了自己面临着言说的某种困境。我有这样一个观点与你分享：如果面对的是像白纸一样纯洁的心灵，请尽可能帮助他画上最美的图画；如果是已长有杂草的粗糙的心灵，也请尽可能播下爱和美的种子，使其心灵生长出美德的庄稼，以驱除其心灵上的杂草。当然，作为老师，自我内心需要蕴藏着爱与美的宝藏，需要保持优雅的内心，铸炼健全的人格。因为，大道之行，首先行于心中。"

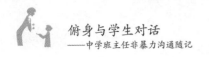
心心之间，念念之远

第二周的第一天就是教师节，我想写写教师节的三个故事。

作为教师，在教师节这天，和很多老师一样，我也收到了很多的感谢与祝福，这一份份的感谢与祝福很能慰藉我，温暖我，让我幸福满满。但今天我想写的三个故事，不是感谢，不是祝福，是什么呢？

（一）"长"情的短信

这是我教过一年（高一）的学生阿哲给我发来的短信：

陈老师：我是你的学生阿哲，给你写这封信的时候，我已经坐在了上海外国语大学的学生宿舍里，我还清楚地记得当我第一次自我介绍，在黑板上写下自己的名字的情景，感谢陈老师在高中时给我的锻炼和增长见识的机会。高一时的对话本我还一直留着，上次翻到陈老师说我有一定文字功底时还自觉有些羞愧，其实我只是喜欢记录自己的感触。所幸我写对话本的习惯还一直在坚持。我知道陈老师有一套自己的成熟的教育理念和方式，很多行动，大到举办院士讲座，光盘行动，小到让我们每人轮流用创意的方式写班级日志，都有你的用心。陈老师，老师的每一个细节都是可能影响学生很久的。譬如有一次陈老师教我们洗拖把，"我知道你们的手都很高贵，那就让我这双不那么高贵的手教你们怎么把拖把洗干净"。说着就亲自用手拧干了拖把。或许爱卫生，洗拖把的方法很多班主任都教过，但只有陈老师那一个动作让我刻骨铭心。陈老师，我始终知道我不够好，始终会看到自己与别人的差距，也始终不会忘记自己的理想。我始终不会忘记，"无穷的远方，无尽的人们，都与我有关"。看到很多少年犯的一个共性就是家庭不和，我很揪心，我想学校，家庭，社会对一个孩子的教育很大程度上会影响一个孩子的心理状态和品行。我知道陈老师在德育工作上有一些思考和研究，如果有站在学生角度的我可以帮上忙的事情请尽管找我，我当全力以赴。祝老师节日快乐！

我回：

阿哲，这是我收到的最长的"短信"。谢谢你！谢谢你记得我的好，谢谢你记取那些细节，谢谢你保持那年的温暖，谢谢你仍牢记崇高的理想……你的"长信"让我想到"一个孩子离开学校后所剩的是什么"一个仍记挂着"无尽的远方，无穷的人们，都与我有关"的孩子，理想仍是那么坚定和明朗。老师为你骄傲！再次谢谢你，阿哲，你总让我幸福满满！

阿哲的这封短信，我一字未改，包括标点符号。他发短信的时候是晚上10点过8分；看到短信时是查完寝回到家快11点的时候。我回短信时，已是晚上11点53分。其实我可以早一点回的，看到短信时有点激动，我激动是因为感觉彼此之间有一份理解和默契在流动，在传递。

这份默契是什么呢？他清楚地知道我更看重"一个孩子离开学校后所剩下的东西"。他在短信中几乎没写我教他时为他做过的一些事。甚至在他读高二高三，我不再教他之后，也曾主动帮助过他两次。但他不说这些，而历数对话本、院士讲座、光盘行动、创意日志，甚至拧拖把这样的细节。这些，是多么令我感动。最让我感动的是，他对理想的坚持，高一时，他把"无尽的远方，无穷的人们"装在了心里，两年过去了，"无尽的远方，无穷的人们"仍在他心头发烫。在这样一个优秀学生更多是"精致的利己主义者"的时代，阿哲的坚定和坚守是多么难能可贵。如果一个孩子离开学校离开老师后所"剩下的东西"是这些，作为他曾经的班主任，还有比这个更令人自豪与骄傲的吗？

阿哲的这一份"长情"里，有他永远的追求，这也是阿哲、我、你、他，我们大家最憧憬的希冀。在此，我想再次俗俗地说一句：阿哲，我为你骄傲，为你自豪。

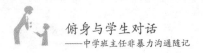
（二）美丽的误会

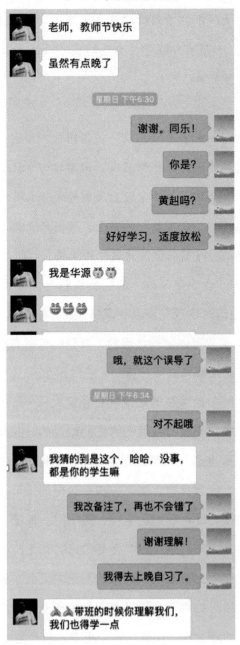

上面的截屏是我和我的学生阿源的部分微信对话内容。我也只在高一教了他一年。快下午6点半了，他发微信给我"老师，教师节快乐，虽然有点晚了"。

那时我正登录微信，看到微信签名是一个英文名字，我不知道是谁。我回：谢谢，同乐。看到科比的头像，我以为是黄赳。黄赳暑假时联系了我，他说高考发挥失常，虽考上了一本，但离理想的大学很遥远，他不甘心，说已到明达补习学校报到。那天，我将劝他上大学深造的话吞回肚子里，鼓励他既然已经做好从头再来的选择，就好好地走下去，守得云开见月明。我以为是他给我发短信了，于是我回，你是？黄赳吗？好好学习，适度放松。这一回，就有了截屏中的误会和解释。最后华源说，带班的时候你理解我们，我们也得学一点。如果这话是一个高情商的孩子说的，我们也许会觉得多少有点矫情和假意，但这话从单纯质朴的阿源嘴里说出来，让我十分欣慰和感动。感动的是误以为是黄赳，他还能理解；欣慰的是这理解来自于我曾经对他们的理解。"理解"从我这里出发，"理解"又回报于我，感觉真好！

（三）可喜的变化

左姑娘发 QQ 信息给我的时候，是下午 6 点 50 分；当我看到她的信息时，已近晚上 8 点半。我打电话问她在哪里，她说她在学校，知道我刚开完班主任会。这个惯例她还记得，只是让她久等了。我说坐车来回要近三个小时，发个信息或打个电话就可以了嘛。她说就是想来，想来看看。说这话让我感觉还是读书时的左姑娘，一点没变，话不多，但很真。但接下来的交流让我不得不感叹，士别三日，当刮目相看。

左姑娘和我聊起她的暑假生活，说起她进入"社会"的历练，似乎换了一个人，我说读书时你不怎么主动发言，也不怎么和同学打成一片，感觉你很内向。她说，老师，此一时彼一时啊。那时要安安静静地学习才能学好；现在要有胆量面对他人，要有能力应对世事啊。哦，与时俱进的左姑娘，让我不由得一喜。

然后聊起高中生活，她说有些遗憾，我以为她的遗憾是高考没考好，她最好的成绩考过班级前五名，高考成绩只超过一本线 20 多分。她说不是的，是

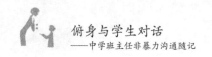

高三时您要我们"晚一"下课走出教室锻炼放松，"晚二"下课时间让我们做冥想，我当时总觉得这是浪费时间，所以，很多时候都是在埋头学习，高考时心态很不好，做语文试卷时我差点从考场逃出来，还好，坚持了下来。说起这些的时候，她的眼圈红了。是的，那时只有一部分同学在做，虽然多次努力劝说，但我没有强迫所有同学都坚持。我问，如果我专制地勉强你去做呢？她笑了，在那个动不动就急火攻心的日子，您也强迫不来的。话锋一转，她说，老师您可以在现在的这个班上继续尝试。这回轮到我质疑了，在高三那样特别需要调适情绪的时候，我多次发出倡议，多次身体力行，都做不到，现在这个班还是高一，男孩子又多，我都没想过要尝试呢？她说，我来给他们说一说，下次我来你班上做一个动员。天啊，如此主动请缨，这是左姑娘吗？带了她两年，真是"知人知面未知心"哪！又生一喜。

后来我们又说到大学生活，她说她要竞选班干部，学生会干部，问我怎么才能稳操胜券？我问她为什么要当，做了哪些准备后，我分享了434班两个孩子竞选成功的例子。一个是学习委员，她的话不多，其中两句话击中心扉：一是，我想当学习委员是想让我们班的学习成绩成为年级第一；二是，不管我有没有当选学习委员，我也一定要尽最大的努力帮助我实现我的第一个目标。一个是团支书，他本没有提前报名，后来在竞选现场有点按捺不住了，说一定要给他一个机会。他上台后说，自己没有当过团支书，但初中时和团支书做过同桌，经常帮助他做一些事情，在部分同学心里，我不是团支书却胜似团支书。你们看，我没当团支书都会去帮忙做一些团支书才会做的事情，我当了团支书，一定会做得更好更漂亮。还有你们看我这长相，是老师喜欢同学爱的那种吧……总之，你们选我一定没错。我会为你们服好务。左姑娘说，他们好会说啊。我更正她，其实不一定是会说，而是拿出了一颗真心。真心想为同学服务。为同学服好务的决心和风趣幽默的表达都将帮助自己获得平台，锻炼自己，成长自己。

快10点时，将左姑娘送到前坪广场书山笔林处，挥手告别之后，看着左姑娘的背影，猛然觉得，虽然离开学校只有三个月，但孩子的世界已不再是原来的样子，因思考和思想，因实践与历练，他们的心中有了许多缤纷的色彩，他们的身上有了可喜的变化。为左姑娘的变化而由衷地感到高兴。

心心之间，不只是感谢与祝福，更有理解和默契；念念之远，不只是在咫尺，更在远方。心心之间，念念之远，守一方麦田，成永远的眷恋。

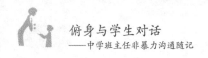

寻找对与错之外的那片田野

苏菲派诗人鲁米说："在对与错的区分之外，有一片田野，我将在那里遇到你。"这句话令我思索：我们对学生的教育，是不是也可以在对与错，好与坏，道德与不道德的区分之外，寻找到那么一片田野，去感受学生的需要，去触摸学生的心灵，让学生健康快乐地成长呢？

（一）关爱孩子，学会"抱持"

"抱持"是一个心理学名词，是英国心理学家温尼科特提出来的。在温尼科特看来，每个孩子在成长过程中，都会出现或多或少的焦虑、紧张、烦恼、愤怒等情绪，这些情绪需要得到表达和接纳。如果孩子的抚养者能够接纳孩子的情绪，以良好的心态耐心地面对孩子因情绪带来的行为，并且让孩子看到父母在应对他们的不良情绪后能够"安然无恙"，那么这个时候，孩子会将父母对自己的态度内化成自己对待自己的态度，学会用温和的态度来处理自己的焦虑、紧张和愤怒等情绪，让自己逐步成长成为一个既能宽容自己、也能理解别人的人。

对父母如此，于老师亦然。面对既敏感好胜又感情脆弱的孩子，面对既想要独立自主又难以自立自强的孩子，如果我们能"抱持"到孩子的情绪，就能更好地关爱到孩子，滋养到孩子。

试举一例。

周四早上，看到作业登记本上小伟有数学、英语等好几科作业没交，走近他时，看到他正在赶作业，便说了一句，你怎么又在赶作业呢。他看了我一眼，扔下笔，没好气地大声说，"是的，我的数学、英语、历史、生物……都没做完，我所有的作业都没做完……"我一句话似乎捅出了一个马蜂窝，他的情绪一下子就上来了。

小伟可不止一次在我面前"耍态度"了。每次都是一副得理不饶人，死猪不怕开水烫的模样。

小伟确实不是第一次赶作业了。"你怎么又在赶作业呢"，我这句话有什么错吗？但如果我真的理直气壮地质问逼问，也许无法了解事情真相，更不能解决问题了。

我把他请到了教室外面。

"你有几门功课没交作业，早自习又在赶作业，可你还把情绪排山倒海般地泼向我，为什么？"我慢条斯理且十分平静地说，"我只是想知道原因。"

等了好一会，他终于开始开口说话了：昨天白天因为没抓紧时间写作业，晚一又去听英语讲座去了，本来第二节晚自习可以解决一部分作业的，猛然看到黑板上写着第二节晚自习下课前十五分钟要默英语单词，就花了近半个小时突击英语。结果昨天的几门作业没能完成。准备今早五点半起床补作业，可是按下闹铃后，我又迷迷糊糊地睡着了，醒来时已是 6:20。急匆匆赶到教室，想利用早自习补一下，您却说，你怎么又在赶作业呢？我的脾气就上来了……

在听到小伟的这番话后，我深深感受到小伟对作业其实很重视，只是时间没有安排好。面对成堆的作业没完成，他原本已是很懊恼，很焦躁，而我的追问，反而成了他情绪爆发的导火线。他妈妈曾告诉我，孩子心肠很好，但脾气很臭。面对这样一个孩子，我们总是以牙还牙，还是常常提供一个容器，"抱持"住他的情绪呢？有人说，家不是讲理的地方，而是讲情的地方，班级也是。需要一个不会"报复"的人，滋养出孩子的这种感觉：世界准备好接纳"我"的本能排山倒海般涌出。温尼科特认为，让孩子获得这种感觉——"我"的本能可以喷涌而出。最终这个孩子既可以成为有道德的人，同时也不会失去他的原始

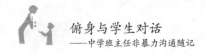

野性。

说实话，我很欣赏孩子的野性，哪怕有时会"冒犯"到我。如果孩子在大人面前，什么也不敢说，什么也不敢做，什么事都是惟命是从，唯唯诺诺，这并不是我希望看到的。所以，在我看来，很多时候，班主任得像容器一样接受并消化孩子的不良情绪，不讨厌不愤怒不反击，接受孩子投射来的负面情绪，再把处理过的情绪反馈给他，然后，孩子的容器才能变得干净澄澈，孩子才能滋养出更多生命的正能量，更好地学习和生活。

事情的结果是，关于作业处理：他反思，做事一定要有计划性，以后要恰当安排好时间，争取不再拖欠作业。关于情绪处理：他觉得一早上自己的情绪不好，不应该迁怒于老师。我告诉他：今天在情绪过后能很快告知老师原因，这一点我很欣赏，有进步。但我也希望你能做情绪的主人，在情绪喷薄而出之前，能耐心地数上十秒，也许就不会随时"发作"了。

最后我想说的是，当一个十分"孩子气"的孩子因学业受困、情感受挫等原因而"无端"地发泄情绪时，如果能得到老师的了解、谅解和理解，感受到周围环境给予的宽容和关怀，那么这个孩子通过一段时间的调整，其不良情绪将有一个理性的回归，将从焦虑、紧张、烦躁等情绪中走出来，而且心灵会因为这种环境的额外照顾而获得加倍的成长。

至少，我从小伟身上看到了这种成长。

（二）"错过"孩子的过错

有一天，我读到一位老师的回忆文章。写他中学时担任小组长，有一次放学收作业，在收取一个智力有点障碍的赵同学的作业时，因等了很久，赵同学都没做完，就不耐烦了。抓起赵同学的作业本扔在地上，还抛下狠话说："从明天起，我也不和你说话了，看谁愿意理你。"这一幕恰好被她的班主任老师看到了，班主任默默地蹲下身来，捡起地上的作业本，很小心地一页一页抚平后，摸了摸赵同学的头，又拍了拍小组长的肩，说了一句话："回家吧，注意安全。"时隔多年后这位小组长写道："当时老师没有批评我一句，没有对我的表现做任何评价，但却给了我最意味深长的教育。"很显然，这位老师在有意地回避孩子的过错，让孩子在他的身教里，去感受其中的意味深长。读到这个故事的时候，我也想起了自己小学三年级的时候，因为是班长，没有学生也没有老师检查我的作业，几乎有半个学期，我没做过家庭作业。期中考试，一落千丈。期考后，我还没有省悟，有一天，班主任对我说，陈立军，把你的家庭作业拿出来让我看看。我支支吾吾，说放在家里。老师说，那明天带过来吧。晚上回去，我赶紧补了上来，以后再也不敢不做作业了。现在想来，老师一定知道我没做，还撒了谎，但他只是说明天带过来吧。就这样与我的过错擦肩而过，却让我刻骨铭心。多么高明的老师，多么善良的错过。雷夫说："我不会强迫孩子改变。我没有这个权力。我的责任是让孩子自己体验和观察，自己得出结论。"教育专家林格也说："造成目前教育障碍最主要的原因在于教育实践在孩子面前以赤裸裸的方式进行，而孩子的本性是不愿意感受有人在教育他的。"特别是现在的孩子。所以说，有意错过孩子的过错，不教训，不责骂。甚至不必指明，让孩子自己去观察去体验，那种教育的力量更会刻骨铭心。

（三）欣赏孩子的"无聊"

我们老师总喜欢说，写作文，要有积极的主题；看书，要看有价值的书；玩，也要玩得有意义。所以，很多时候，我们都会以我们成人的眼光和成人的标准去要求孩子，对孩子所做的一些在我们看来没有意义的无聊的事情，就会进行劝告，加以干涉，直至孩子听从你的意见。可是，有一天，我们班的阿萌同学就几米的《我的错都是大人的错》在班上做读书报告时，他说道："大人都忘了，他们也曾经是小孩子，他们的口袋里，曾经藏着各种怪兽，他们的脑袋里，曾经浮现奇幻彩虹。"在小孩子看来，每个大人都是一本呆板无趣的教科书。

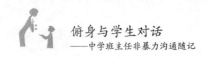

那一刻，我反思自己，是不是一本呆板无趣的教科书？怎样让孩子感觉你生动有趣？我对自己说，至少让孩子某种程度上保有那份单纯快乐和天真。所以，我会和学生一起欣赏莹宝的课表诗（将一日的课表以诗的形式表达）：

复数

被运算环绕

哲学

把英语拥抱

外文牵了

国文

在田径道上奔跑

历史泼墨岁月

风还在为冬挥毫

而我停留听你叮咛

做彼此的天使

所以，我也会请阿龙和同学们分享她的文字，并称赞她对一只兔子的悲悯：

听说它们要被解剖，内心愤怒，却也百般无奈，我们凭什么决定他们的生命？他们凭什么向我们臣服？小兔子默默地蹲在桌子上，安详地吃着草，如果知道死亡即将到来，它们还会这么平静吗？

也许这些，在我们成人看来没多大意义，但孩子们喜欢，孩子们开心，看似无意义的东西实则有大意义。

如果我们能关爱孩子，学会"抱持"，"错过"孩子的过错，甚至欣赏孩子的"无聊"，那么，在对与错的区分之外，一定会有那么一片田野，一片教育的希望的田野。就像陈嘉映在《梦想的中国》里所描述的那样：我梦想的国土不是一条跑道，所有人都向一个目标狂奔，差别只在名次有先有后。我梦想的国土是一片原野，容得下跳的，跑的，采花的，在溪边濯足的，容得下什么都不干就躺在草地上晒太阳的……

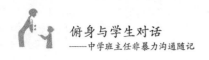

爱心义卖：义的追问，爱的反思

（一）义卖活动的热闹狂欢

三月，学校组织了每年一次的爱心义卖活动。

活动在一个晴朗的星期五下午于学校的篮球场上举行。往日挥洒汗水的篮球场被各式各样的班级特色货摊与宣传占据。各班使尽浑身解数：有以大幅海报吸睛的，也有用劲歌热舞先声夺人的，还有以跳跃扣篮吸引男女粉丝的……整个现场沉浸在"卖——卖——卖"的热烈气氛之中。

我们班也不示弱。摊位上摆满了同学捐出的物品，有书本、明信片、镜框、存钱罐、镇纸、寿司、蛋糕……吃的、玩的、用的，品类繁多，琳琅满目。十多位同学坚守大本营，热心售卖；更多的同学拿着不是很叫卖的商品当起了"流动商贩"，智慧营销……

临近黄昏，在一片欢呼声中，爱心义卖圆满结束，据统计，学校共筹得四万多元义卖款。

后来才知，这空前的盛况和可观的善款并不意味着这次爱心义卖活动画上了圆满的句号。事情没有单纯得这么完美，盛况与硕果的背后还有着许多故事和细节。这些细节和故事都值得我们去追问和反思。

（二）对义卖之"义"的三个追问

"义"的基本含义有二，一是指公正合宜的道理或举动；二是指合乎正义或公益。义卖是指为正义或公益事业筹款而出售物品。显然，义卖的义，应当理解为正义、公益。我们出于正义、公益进行义卖活动，如果整个活动的过程，有不合宜的地方——不合法、不合理、不合情，那么，那么这个"义"会不会大打折扣？

追问一：合法乎——截留义卖款是无可厚非的吗？

（1）义卖款被截留了？！

义卖活动落下帷幕的当天晚自习，还没来得及总结义卖活动，就有同学告诉我：我们班共筹得近1100元义卖善款，生活委员只上交了700多元。这是之前的义卖活动从没有出现过的现象。我很纳闷。找到生活委员，她说确有其事，扣留了300多元，想用来慰劳慰劳辛苦售卖的同学；并说当时她问了身边的几个同学，没有一个同学提出反对。我说，对截留义卖款的这一做法我极不赞同，她一脸委屈。

是责怪生活委员，是教训全体同学，还是苦口婆心地分析说理……好像都不太妥。我选择了将这一事实在全班公开，请大家对事不对人，只就扣留善款（不问是谁扣留）交流想法。

（2）七嘴八舌话说义卖截留款

沉默，谁也不说话。当事人生活委员第一个站了起来。她承认了自己的私心，表达了自己的歉意。同时，她也直言不讳地说了另外的缘由：别班有同学说义卖款中有一小部分会用于校团委的建设工作，而学校从没有就善款的去向做过说明。

"我非常想知道钱的流向，无论是哪个乡，哪个镇，哪个山区，我都不会在乎，我在乎的是我们每个同学的爱心。一个星期的准备，一个下午同学的付出，老师，你强调的是爱心义卖，我们理所当然不需要回报，但是需要结果。"

生活委员由理屈转向了理直。

这时有一位同学和她站在了同一条战线上：政府隐藏在水面以下的办公机制，会引起民众的怀疑、不满，所以才会改革，学校捐款流程有始无终，学生会生疑惑、会起私心。

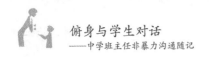

该同学矛头更是指向学校、指向政府了。一事当前，不是对自己的反省，而是对他人的指责？！这样也可以？

还好，有一位同学开始自我反省：

那天生活委员说要扣留一部分钱的时候，我就在她的身边，如果当时我表达不同意见的话，扣留义卖款的事也许不会发生吧？

生活委员继续补充："有什么样的政治就有什么样的文化，这可是马哲的道理。这一次的'污点'，是偶然也是必然，诚然有我的私心作鬼，但今后如果爱心义卖的流程依然不完善，我有理由相信，这种抽钱的事，我如果是第一个带头的人，但绝不会是最后一个。"

生活委员更理直气壮了。

我提出疑问：我已从团支书那里了解到，义卖款用作团支部的建设纯属谣言，善款的去向也张贴公示过，只是部分同学可能没关注到。当然这是不是事实大家还可去调查了解。现在我们退一步想，即便学校在爱心义卖活动流程上少了公示义卖款去向这一环节，即便像传言中所说的那样，其中的一小部分用作了团委建设，这是不是意味着我们扣留义卖款是正当合理的？

小瑾站起来说："一般来说，一个人付出的同时期望有所回报。但以义卖之名行索取之实，就不可取了。一次索取回报的义卖，哪怕只有几十、几百分之一，也亵渎了我们的初心。"

思思说，我们在不确知善款去向的情况下，对学校抱以一种怀疑态度是无可厚非的，可我们为何又一定要将对学校的怀疑不信任当作我们扣留义卖款的理由呢，如此，别人能信任和认可我们吗？

也有同学提出质疑：如果我们辛苦筹得的善款的一部分真是用作团委的开支，那我们为什么要全部上交呢？

有很多同学像小瑾和思思一样，有着自己旗帜鲜明的观点——不应该扣留义卖款。但也有部分同学耿耿于义卖款的去向不明及可能挪作他用而对截留义卖款保持中立的态度甚至认为是无可厚非的。也许他们并不清楚截留善款的本质是什么，以及这样做的严重后果。

这里不只是涉及义卖的问题，更有如何做合格公民的问题。

（3）理性认识义卖，做合格公民

我请学生百度，什么是义卖，义卖所得（慈善基金）的使用原则是什么？违规使用义卖款（慈善金）意味着什么？

答案如下：

义卖：为正义或公益事业筹款而出售物品。

义卖所得款项应专款专用，即对指定用途的资金，应按规定的用途使用，并单独反映，公开公布明细。

通常有如下几种违规的情况：

滞留，未改变用途，未挪作他用，只是拨付时间晚了，但还是按照专款用途支了；

截留，应拨未拨，应支未支，未用，好像也不打算支了；

挪用，顾名思义，不但截留而且挪作他用了。

违规使用义卖款（慈善金）意味着违法：《刑法》第二百七十三条　【挪用特定款物罪】挪用用于救灾、抢险、防汛、优抚、扶贫、移民、救济款物，情节严重，致使国家和人民群众利益遭受重大损害的，对直接责任人员，处三年以下有期徒刑或者拘役；情节特别严重的，处三年以上七年以下有期徒刑。

以上内容告诉了学生什么？

如果学生真用这300多元来慰劳他们的辛苦，那么，他们的行为是违法的。这样说大家可能会更不服甚至义愤：我们用我们自己挣来的钱慰劳自己竟然违法了？从法律层面来说，截留300元与截留300万元性质是一样的，都是违法的，就好像逃跑50步与逃跑100步都是逃跑一样。

事实上，今天没有人因为这300多元而去告发谁，问罪于谁，但这抹杀不

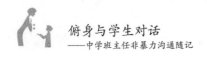

了截留义卖款这一行为违背了法规的事实，违规违法却没有受到制裁会怎么样呢？

我给学生举了个例子。如果卖馒头的人去买肉，买到的是注水肉，于是他也往馒头里放染色剂；卖肉的人去买奶粉，奶粉里放了三聚氰胺；卖奶粉的去买馒头，馒头里放了染色剂……结果会怎样呢？我们将买不到好肉，好馒头，好奶粉……这样一来，社会的诚信将会面临坍塌，信用体系将会遭到破坏，社会公信力也将急剧下降，我们的生活就可能完全没有了安全感。

所以，从国家层面，正在进一步建立健全法制。党的十七大报告明确提出："加强公民意识教育，树立社会主义民主法治、自由平等、公平正义理念。"2016年三月，全国人大热议慈善法的制定，上海代表建议：侵占善款的行为应追究刑事责任等。

从个体层面，我们每个人都要加强公民意识，做合格公民，明了自己的权利与义务，知道如何履行自己的权利与义务。一事当前，我们讲制度，讲法治，讲积极理性的公共生活的参与，讲不同价值观念之间的相互理解宽容，有了这样的共识，我们才可能过真正意义上的公民生活。如果每个人都不提醒不制止别人的假与恶，既而也不保持自己的真与善，然后在抱怨他人很冷酷的同时，更冷酷地对待他人；在抱怨这个社会很现实的同时，现实得变本加厉。如此循环，是强化恶之链条，还是加速爱的传递、善的接力呢？就可想而知了。

学生似乎豁然开朗，生活委员准备补交义卖款。

（4）意料之外的插曲

晚自习后，红告诉我，下午回到家，她把扣留义卖款的事情和自己不认可这一做法的态度说给妈妈听，没想到妈妈赞扬生活委员很有经济头脑，严肃地指出她的想法很不正确。她有点沮丧，道不同不相为谋，也就没再继续说下去。晚自习经大家交流讨论，老师指点迷津，她才坚定了自己的想法，对此事有了更明确的判断与坚持。红的话让我意识到，成年人首先应该是合格的公民，应当做公民生活的表率。如果成年人不能做合格公民，甚至教导孩子走向反面，那么即使我们在学校里成功地对学生进行了合格公民教育，当学生接触社会的时候，所有接受过的教育反而会让他们失落、失望，甚至退守到 "臣民生活"中去。因此，成人社会的公民教育和成年人关于公民生活的自我教育就显得非常重要！每个学校的家长学校就很有必要将成人的公民教育作为一个很重要的培训课程。

追问二：合理乎——献爱心，为什么会略带失望？

爱心义卖结束后的第二周朝会上，学校表彰了义卖中的优秀班集体——善款在 1000 元以上的班级。这一表彰，犹如一块石子丢入了湖心，一下子在师生心中激起了层层波澜。我们班学生心中会有怎样的涟漪呢？

在图书角的小本子上我写下：

学校表扬了捐款在 1000 元以上的班级。许多人提出了质疑。

有人说，爱心义卖的重点应该在爱心，而不在卖。不能说上交钱多的班级的爱心多于其他班，上交钱少的对"爱心义卖"不够尽心。事实上，每个班级都倾尽了他们的最大热忱和最大爱心。学校怎能以钱的多少定义优秀与否？

也有人说，单独拎出几个善款超过 1000 元的班级进行嘉奖，意义何在？是更加赞扬他们的爱心，还是对他们筹集到更多善款的表扬？

你怎么看？

跟帖如下：

一楼：每个人的力量虽微薄但不容忽视。不能只表扬那些筹款更多的班级。想必那些班级也不是冲着奖励才进行义卖的。每个班级都应该被肯定和表扬，因为重要的是过程，而不是结果。

二楼：学校给我们搭建了一个平台，使我们能获得不一样的快乐，每一声叫卖，每一次挥动手臂，你将体会到帮助他人而做的一切所带给你的快乐。然而，这不是金钱可以衡量的，快乐不能，爱心更不能。

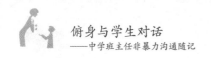

三楼：明明是为了献爱心筹善款，不知不觉之中便成了一种虚荣心攀比心的较量。

四楼：全部表扬太笼统，不表扬也不好，怎样的表扬形式可以皆大欢喜呢？

五楼：宣传栏内，每班一个版面，呈现各班义卖创意、心得、活动照片等如何？

……

学生言之凿凿，有否定的言辞，也有建设性的声音。

在帖子的末尾，我写：

回楼上：

大家热情洋溢地献完爱心，为什么会略带失望呢？

因为爱心本无优劣，本无等级。它完全是出于我们内心的良善和爱意。谁能说那充满真诚与汗水的微薄金额的善款不是充满爱心的呢？谁又能说那微薄的金额只代表微薄的爱呢？上千位同学共同播撒的爱心种子，那是种在每一个孩子的心田里的，那是义卖之本质所在。"本质的东西是用眼睛看不见的。"我们也许可以说这一株嫩苗比那一株更茁壮，这一棵树比那一棵树更高大，但爱心不能。爱心就如同一朵莲花一般出淤泥而不染，始终保持那份圣洁，任周围有多么嘈杂，有多少纠纷，它是不参与竞争与比较的，不管是在一个怎样钟爱评价与比较的年代里。

学校本是一个教育人的场所，是一个引领学生建立正确价值观、人生观的地方。教育不应该将爱心如此世俗化，功利化。学校应努力让学生生活在一个民主、公正、人道、受尊重、鼓励理性参与的教育环境里，这比什么都重要！

这样的教育环境的建设需要我们一起努力，对学校处理事情的不妥，我们在宽容的同时，更应该献计献策使之越来越完善；对我们自己而言，要让义卖行动背后的爱心永保最初的纯洁与美好。

追问三：合情乎——义卖中的人情及其他

关于义卖活动，在学生的周记本上，我还读到了义卖中的人情及其他。这其中有一些不合常情的地方。

有好几位同学写到了义卖中人情带来的负担。

其中小云同学这样写道：

义卖快接近尾声时，看着班上的许多杂志还堆在课桌上，无人问津，我便带着杂志去人群较多的地方售卖。刚走几步，原高一的同学急匆匆地向我走来，一把拉住我的手臂，说："小云，来我们班买几本杂志吧，就2块钱一本。"我尴尬地抱着我们班的杂志，不知所措，她见我不说话，就将我扯到了她们班的书摊旁，我这时才反应过来，连声说道："不了不了，我们自己班的都没卖完呢！"她看了看我们班的杂志，将我扯得更近了，"看在高一我们是同学的面子上你就买一本吧！就一本！"我站在那，不知说什么才好。

这时我才感受到人情给我带来的尴尬。忽然想起，我所卖出的东西中有很大一部分都是靠着这种人情卖出去的。我有点惭愧——失去了所谓的人情，我又能卖出多少物品呢？

我批：人情本是朋友亲人之间无形的联系，它意味着彼此的友爱与互助。人心暖，人情长，爱心汇聚是天堂。但如果沦为捆绑他人的绳索、逼迫他人为自己买单的工具，则休矣！毕竟"己所不欲，勿施于人"啊！

也有同学写：

同学们对于昂贵的装饰品、食物的热情似乎远远超过于廉价的书籍。卖绝味、热卤的班级很多，最后却供不应求；各班待售的二手书籍虽也不少，但少有人光顾，最后带回教室的基本上是各班的旧书。这是不是从一个侧面反映出我们学生更注重物质享受而非精神享受？！

我批：以小推大，是否可以概括整个社会的风气？！当对书本的热捧超过对舌尖上的美味的喜爱，也许我们就迎来了"新常态"。

还有同学写：

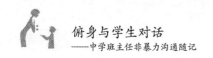
除热卤、蛋糕、沙拉等相当地满足了我的胃。义卖现场还有一些更加吸引我的东西。

劲爆的音乐穿脑而过，漂亮女孩热舞而来，略施淡妆，黑色，紧身，街舞社的漂亮女孩们用这些勾勒出青春的弧线，具有侵略性的眼神撩拨着围观的群众的心。

在这里我找到了我的高一的同学们，看样子即使是时隔了一个学期，大家对于美女的敏锐嗅觉依然没有变。

好吧，至少在当时，美食、音乐和朋友是我的最高追求。

我批：就事论事，将心比心，喜欢美食、音乐与朋友，无可厚非。若说最高追求，要我说吧，还是在义卖中献爱心。因为，公共生活的积极参与是一个公民应尽的责任和义务。

（三）让爱心义卖之"爱"成为发自内心的对爱的需求

义卖款扣留风波，献爱心后的失望，义卖中的人情及其他，或不合法，或不合理，或不合情，进行了深入的追问和思考，而更应该让我们反思的是，如何让爱心义卖活动成为学生发自内心的对爱的需求？

1. 学校：创设平台，完善机制，激活爱心，培养公民

学校开展每年一度的爱心义卖活动，为学生积极搭建平台，这是非常有意义的举措。在创设平台后，学校还要进一步完善机制。表面上看，学生扣留义卖款是道德的问题，但往深层去想，道德不完全是道德的问题，而是学校环境与制度、活动宣传与程序等是否完善、进步到了让学生自觉展现道德。义卖款扣留风波在提醒学校要完善制度，建立透明可见的监督体系，相关程序相关宣传等能基于人性去考量、去完善。

同时，还要最大可能激活爱心。好的教育对一个人而言很重要，它能帮助一个人约束人性中的不正常欲望、恶念及其他不善良的东西。学校只有用好的

教育把每一个学生个体心中的爱激活出来，人性中的善才能在更大范围内激活。否则，学生人性中的恶就可能释放出来。

最最重要的是，强化更合理的公民教育内容，培养合格公民应成为学校德育的重要内容。对学生进行公民教育的要义，不仅要将和谐社会建设的价值追求落实到具体的校园生活的改造中去，还要让学生在和谐、民主的教育生活中健康成长为社会主义公民；不仅要让学生自身得到健康的成长，还要促进自身及家长的公民意识的加强，推动社会文明向前发展。

2.学生：积极体验，理性认知，奉献爱心，满足需要

学校举行爱心义卖活动，为学生提供了体验式学习的环境。学生不仅要主动参与，更要积极体验，加强互动，在参与、体验和互动中增进个体的愉悦感和成就感，发展个体积极的人格力量。此其一。

其二，加强理性认知。在海量信息面前，学生容易人云亦云，随波逐流，容易出现认识的武断和片面，行动的盲目和错误。唯有加强理性认识，通过各种途径和方法对看到的现象进行理性的思考和判断，去粗取精、去伪存真，才能由表及里认识事物的本质，正确理性地支配个人欲望。

其三，乐于奉献爱心。爱之花开放的地方，生命便能欣欣向荣。泰戈尔说，年轻时，我的生命有如一朵花——当春天的轻风来到她的门前乞求时，从她的丰盛中飘落一两片花瓣，她从未感到这是损失。现在，韶华已逝，我的生命有如一个果子，已经没有什么东西可以分让，只等待着将她和丰满甜美的全部负担一起奉献出来。奉献爱心，正是生命的意义和价值所在。义卖就是为了献爱心。我们乐于奉献爱心，生命的甘露将普降人间。当人人将内心这份爱的需求变成信仰时，这个世界才能真正成为爱的人间。

其四，满足双方爱的需要。爱心义卖，不只是满足受施者对爱的需要，更是满足施予者对爱的需求。正如舍得舍得，舍即是得，献爱心也一样。关心帮助他人就是关心帮助自己。济慈的义工帮了别人，义工们会对被帮助的人说谢

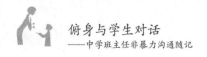

谢,这是什么逻辑呢?义工们有这样一种理念:做义工,不是我们帮助他人,而是他人帮助我们,是他人满足我们内心对爱的需要。

当帮助别人成为了我们自己的一种需求,我们才会视付出为得到,才会因奉献爱心而更幸福更温暖。

因此,爱心义卖,不仅需要一个个爱的行动,更需要改变理念:义卖,一方面是帮助他人,另一方面更是满足我们自己内心对爱的感受和需求。

班会篇

用爱的语言说话，先去找到你自己，这样你就能找到我。

——鲁米

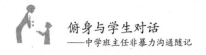

前言：学至于行之而后止

这一章节是非暴力沟通的班会活动汇编。这里汇编的班会活动，有着鲜明的特色。

（一）这是以"如何爱"为主题的班会

十一节班会活动的内容，是根据《非暴力沟通》一书的内容改编制作。感同身受、耐心倾听、学会感激、表达愤怒，重获热情，避免伤害等等，所有内容，都在指向爱，表达爱，告诉我们如何爱。

（二）这是学生制作并主持的班会

意大利教育家蒙台梭利也说："我看到了，我忘记了；我听到了，我记住了；我做过了，我理解了。"只有亲自做过，亲身体验过，才能感同身受、深刻理解并且可能一辈子铭记并践行。班主任学习非暴力沟通极重要的目的之一就是让学生学习并运用非暴力沟通，给自己的学习、生活带来幸福和美好。这十一节班会课的内容，从学生阅读书本到班会活动的设计、制作和组织历时近一年。除了第一节是我这个做班主任的亲力亲为以抛砖引玉外，其他章节是学生以小组为单位合作设计制作并由各组推选的两位主持人主持完成。具体说来，在高二的第一学期，每位学生人手一本《非暴力沟通》，先阅读学习了书本内容，对内容有了相对的熟悉和理解。在第一学期最后一个月，我设计主持非暴力沟通的第一堂班会课后，分好小组；在小组长的带领下，小组成员分工合作，讨论交流基本框架，再利用寒假时间，查找资料，建构内容，制作好课件。第二学期开学后，汇总各组的主题班会课件，各组推选出主持人。我再和各小组的主持人一起，对课件精心打磨，完善环节，优化内容，美化细节，每个课件的修改都在两遍以上。每两周一次的主题班会就这样顺利开展，完美收工。

（三）这是注重内化和践行的班会课

由学生制作并主持班会课，是希望在全员阅读参与的过程中内化"为了生命的觉醒、自由与成长服务"的爱的理念，升华爱的情怀。在这一过程中，自是需要和实践对接，所以，班会活动中的很多例子来源于生活，很贴近学生生活实际，同时，这一过程走下来，也很好地帮助了学生将非暴力沟通运用到学习生活之中。

"不闻不若闻之，闻之不若见之，见之不若知之，知之不若行之；学至于行之而止矣"（荀子的《儒效篇》），意思是说，没有听到的不如听到的，听到的不如见到的，见到的不如了解到的，了解到的不如去实行，学问到了实践就达到了极点。每次班会课后，学生的感言即是非暴力沟通内化与践行的内容，可圈可点，令人感怀。

敢于尝试，勇于践行，内化生成，提升境界，才能真正实现非暴力沟通的主张："回归真正有趣的使得人生丰盈的生活方式——为自我和他人的幸福做贡献。"我和所有学生都在思考之，践行之。

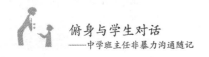

培育爱的种子
——让爱融入生活

用爱的语言说话

先去找到你自己

这样你就能找到我

——鲁米

【班会目的】

1. 介绍非暴力沟通及其创始人马歇尔·卢森堡对非暴力沟通的运用与推广。让学生了解非暴力沟通产生的背景，成熟与推广的历程及案例，增强对非暴力沟通的感性认识。

2. 了解非暴力沟通的四要素：观察、感受、需要、请求。

【课前准备】

1. 下载班得瑞的轻音乐作为背景音乐；

2. 摆放长颈鹿道具，张贴马歇尔及非暴力沟通的图片。

【基本结构】

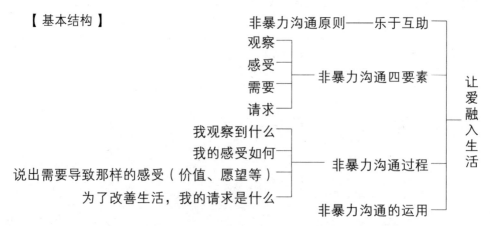

【班会过程】

（一）导入

有多少次，我们为自己说出的话而后悔？

有多少次，我们的言说仅仅是为了发泄情绪？

有多少次，我们被他人语言所击中，久久陷入噩梦无法挣脱？

又有多少次，我们也使用这样的语言去伤害自己爱的人？那么，从今天开始，我们学习非暴力沟通，将会让我们远离嘲讽和指责，偏见和敌意，迎来生活的和谐和生命的美丽。

（二）"非暴力沟通"及马歇尔·卢森堡简介

非暴力沟通是 Nonviolent Communication（简写 NVC）一词的中译，又称爱的语言、长颈鹿语言等。

著名的马歇尔·卢森堡博士发现了一种沟通方式，依照它来谈话和聆听，能使人们情意相通，和谐相处，这就是"非暴力沟通"。"非暴力沟通"不仅教会人们如何使个人生活更加和谐美好，同时解决了众多世界范围内的冲突和争端。通过非暴力沟通，世界各地无数的人们获得了爱、和谐和幸福。

NVC 相信，人的天性是友善的，暴力的方式是后天习得的。NVC 还认为，我们所有人有共同的、基本的需要，人的行为是满足一种或多种需要的策略。

NVC 的目的是通过建立联系使我们能够理解并看重彼此的需要，然后一起寻求方法满足双方的需要。换言之，NVC 提供具体的技巧帮助我们建立联系，使友爱互助成为现实。当我们褪去隐蔽的精神暴力，爱将自然流露。

（三）非暴力沟通的背景和渊源

马歇尔早年的经历引发他对探求和平解决冲突方法的兴趣。他在《非暴力沟通》一书中写道：

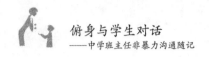
"我相信，人天生热爱生命，乐于互助。可是，究竟是什么，使我们难以体会到心中的爱，以致互相伤害？又是什么，让有些人即使在充满敌意的环境中，也能心存爱意？

这样的思考始于童年。大约是1943年的夏季，我家搬到了密歇根州的底特律。到达后的第二个星期，公园中一起暴力事件引发了种族冲突，接下来几天有40多人遇害。我家处于冲突的中心地带，整整三天，我们都紧闭家门，不敢出去。

冲突结束后，学校复课了。我发现，和肤色一样，名字也可能招来危险。老师点名时，有两个男孩瞪着我，嘘声说：'你是Kike吗？'我从未听过这个词，不知道它是某些人对犹太人的蔑称。放学后，他们在路上拦住我，把我摔在地上，拳打脚踢。

从此，上述两个问题就一直困扰着我。是什么赋予我们力量，使我们在最恶劣的情况下，也能关爱生命？"

他先是学习临床心理学，但并未从中找到自己满意的答案。他说："我更感兴趣的是学习什么是符合人性的生活以及什么能使人脱离他们的暴力倾向。"

于是，毕业后，他继续寻求答案。他向那些他所钦佩的人学习，"我和他们谈话，看着他们，向他们学习他们所学到的。我关注是什么帮助他们仍能保有我所认为的人性：致力于服务彼此的生命需要。"同时，他从比较宗教学的学习和一些学术研究（例如卡尔·罗杰斯的研究）中得到很大的帮助。

最后，基于上述的学习，他提出了NVC。他指出，"NVC的基础是一些沟通方式——即使在逆境中，它们也有助于人保持人性。NVC没有任何新的主张，它所吸纳的内容，都有悠久的历史。它的目的正是提醒我们已有的知识——关于什么是符合人性的交往方式，以及帮助我们活出这一点"。

（四）非暴力沟通四要素

1. 要素之一：观察

（1）观察的要点：

观察：指仔细观察正在发生的事情，并清楚地说出观察结果。非暴力沟通强调观察——不带评论的观察。

（2）考考你：

情景设置：上课时分，老师从教室外面的走廊上经过时，看到一个学生正趴在课桌上……

可能回答：

A. 你怎么总是睡懒觉？！昨晚干什么去了？！ NO

B. 我经过教室时看到你趴在课桌上……   YES

C. 我经过教室时看到你趴在课桌上，是不是哪儿不舒服？……（暖心的）YES

2. 要素之二：感受

（1）要点：

了解自己的感受的同时注意体会学生的感受。（详见精彩片断）

（2）注意之点：

一般来说，在难过伤心或是愤怒的时候，往往疏于表达自己的感受，主动或被动忽略（压抑）自己的感受，一味寻找自己或他人的不是，从而深深地自责或指责他人，结果并不能理解他人或不被他人理解，当然也就无益于问题的解决。

（3）考考你：

什么是表达感受？

如：他很伤心……我们怎么说才是得体地表达感受？

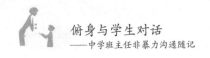
回答一：这有什么好伤心的，简直莫名其妙！

这样回答不妥，他会更伤心的。

回答二：是我不好！让他很伤心。

也许并不是你不够好。

回答三：你很伤心，我也难过……请问我可以为你做点什么？

我们赞成这样表达，在体会对方感受的同时也表达了自己的感受。

体会彼此的感受的背后其实是同理心的连接。

3. 要素之三：需要

（1）要点：

明确说出自己的需要。

（2）非暴力沟通对需要的理解：

非暴力沟通把需要看作是有助于生命健康成长的要素。由此看来，一种要素是否被当作需要，关键在于能否促进生命的健康成长。

（3）需要和感受的联系：

需要和感受是紧密相连的，我们的感受根源于我们内心的需要，特别是我们的需要、期待没有得到满足时，更要告知学生伤心难过的感受是出于内心何种需要。

A. 我们的感受根源于我们内心的需要：我们每一个人的感受都是因自己的需要而引起的，而不是因别人的行为而引起的。如同样是学生没及时交作业，当我们不是很急着批阅作业时，我们不会为孩子没及时交作业而恼火；如果对于作业批阅不是那么急，我们更看重学生的作业质量，我们的感受可能就不是恼火而会有更多耐心。

B. 告知学生我们伤心难过的感受是出于我们自己内心何种需要。

如：学生连续三次没完成作业了，问他，他默不作声，这时候老师有点难过……老师怎么表达？

回答一：以"我很难过是因为你……"的句式表达。

如，我很难过是因为你太差劲了……或我很难过是因为你太不争气了……这样的表达不是关注自己内心的需要，而是指责学生，学生就会不服气而反驳我们。

回答二：以"我很难过是因为我……"的句式表达。

如：我很难过是因为我希望每个孩子都不掉队；我很难过是因为我想知道原因看能不能帮到你；我很难过是因为我很在乎你的感受、你的成长……

4. 要素之四：请求

（1）要点：

提出具体的请求。提出请求，要清楚地告诉学生你希望他做什么，越具体越好。

（2）考考你：

如：仍是学生连续三次没完成作业了，问他，他默不作声……

回答一：请你不要保持沉默了……（这样否定的表达意思不明确）

回答二：请你或口头或书面告诉我原因好吗？（具体可行）

回答三：请你先完成最近这一次的作业好吗？（具体可操作）

（五）小结

1. 非暴力沟通的过程——遵循四个要素

（1）清楚地表达观察结果；

（2）诚实地说出自己的感受；

（3）哪些需要（愿望等）导致那样的感受；

（4）为了改善关系（生活），我的请求是什么。

2. 非暴力沟通的目的：

非暴力沟通不主张为了避免惩罚、得到奖励而做任何事，不主张出于内疚、

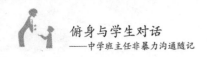

羞耻等恶意的概念而做任何事。它主张"更接近于我们天性的思想、语言和沟通融于一体，帮助我们与他人联系，以便我们回归真正有趣的使得人生丰盈的生活方式 ——为自我和他人的幸福做贡献"。

3. 相信爱，爱才会到来。

有很多东西，我们看不见

比如风

但当它到来时，我们可以感受到

爱也是这样

我们首先要相信，它们才会到来

【精彩片断】

（要素之二"感受"）

主持人 A：感受的重点是了解自己的感受的同时注意体会他人的感受，特别是老师。（同学们一阵坏笑。）

主持人 B：当然我们有时候也只在乎自己的感受而没能体会老师的感受。（好像特别看了我几眼，是在安抚我吗？想象成对我的安抚，内心很温暖。）

主持人 A：说到感受，大家对这句话是否感同身受。

一般来说，在难过伤心或是愤怒的时候，往往疏于表达自己的感受，主动或被动忽略（压抑）自己的感受，一味寻找自己或他人的不是，从而深深地自责或指责他人，结果并不能理解他人或被他人理解，当然也就无益于问题的解决。

主持人 B：是不是深有同感？

（同学们配合地纷纷点头。）

主持人 A：好的，那我现在考考你们：怎样才是合理表达感受？

主持人 B：举个例子。如，小马哥借了小铭哥的新球鞋穿结果新鞋被人踩了一脚，留下一个肮脏的印痕，小铭哥很伤心……我们怎么说才是得体地表达感受？

生答一：不就一双鞋吗？有什么好伤心的，还是哥们呢。

正坏笑的小铭哥立即正色反驳，把你的新鞋鞋面踩几个脚印试试看。

主持人 A：这样的回答小铭哥显然不满，没有得体地表达感受。

生答二：这有什么好伤心的，简直莫名其妙！

主持人 B：（不待小铭哥抢下话）这样回答不妥，小铭哥会更伤心的。

生答三：（此生是小马哥）是我不好！让你很伤心。

小铭哥小声说，也不能怪你啦……

主持人 A：前面两位指责小铭哥，没有很好地体会小铭哥的感受；小马哥自责地说是自己不好，表达也不得体。小马哥或旁观者怎样说才好？

生答四：（表情：友好地看着阿铭）换了谁看到自己的新鞋被踩成这样子都会难过的。

有同学称赞这个表达好。

主持人 B：小马哥说点什么好呢？

生答五：小马哥说，你很伤心，我也很难过……请问我可以为你做点什么？

阿铭哥说，那你将我的鞋子洗干净吧。

同学们赞许地点了点头。

主持人 A：我赞成这样表达，在体会对方感受的同时也表达了自己的感受。

生答六：（若有所思状）我觉得所谓体会彼此的感受的背后其实是同理心的连接。

主持人 B：说得太好了，善于体会他人的感受就是善于表达同理心。

生答七：我想起了一首表达同理心的小诗。

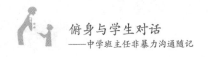
孩子和老人

（美）谢尔·希尔弗斯坦

孩子说："有时我会把勺子掉到地上。"

老人说："我也一样。"

孩子悄悄地说："我尿裤子。"

老人笑了："我也是。"

孩子又说："我总是哭鼻子。"

老人点点头："我也如此。"

"最糟糕的是，"孩子说，"大人们对我从不注意。"

这时候他感到那手又暖又皱。老人说："我明白你的意思。"

同学们报以热烈的掌声。

主持人Ａ：谢谢。说得太好了。很多时候，别人犯下的所谓"过失"我们人人都曾犯过或者都有可能犯，同理他人，世界将更多一分温情。

【学生感言】

龙应台在《亲爱的安德烈》里面有这样一句话："我们深爱对方，却互不相识。"这大概已然道出了现今许多父母与孩子之间的状况。我们都深深地明白自己爱着父母，也清楚地知道父母同样地爱着我们，但是很多时候，我们却并不了解彼此，也不在意与对方加强交流，这样一来就造成了一个很严重的问题——我们习惯于将感情埋藏在心里，最终两败俱伤。

由此可见，沟通是多么重要。忙于学业，处于学习压力之下的我们，也许正在逐渐关上自己的心房，不满于家人耳旁的唠叨，习惯于回到家就做"低头族"。可是，树欲静而风不止，子欲养而亲不在，我们何时才能意识到好好沟通、相互了解的重要性呢？

所以，就让我们从现在开始好好地学习非暴力沟通吧。

今天的学习还是很有收获的。先让我呈现我听课的重点：

非暴力沟通的四要素：

1. 清楚地表达观察结果。

2. 诚实地说出自己的感受。

3. 哪些需要导致了那样的感受。

4. 为了改善生活，我们的请求是什么？

在非暴力沟通的四要素中，提出自己的需求，我一般都会毫不犹豫，如，"妈妈，我要这个蝴蝶结"，清晰明了又干脆。前三个要素往往被我忽略了，特别是"诚实地说出自己的感受"，说实话，我真的很少做到。一句"谢谢"，一句"对不起"，一句"我很开心"，在家人面前不知为何变得难以开口。这也许就是之前所说的"我们深爱对方，却互不相识"的根源吧。从今天对非暴力沟通的了解看，非暴力沟通是一个我们人人都应该掌握好的技能，它是人与人走向友好、走向互助的重要桥梁，当我们踏上这座桥，就仿佛踏上了一条通往他人内心的路。虽然也可能曲径幽深，蜿蜒盘旋，但请伸出我们的手，去触碰他人内心那片温暖的森林。与此同时，也请敞开心扉，去迎接那位向你走来的亲友、老师抑或陌生人。

（许家靓）

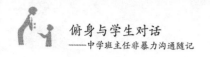

破译爱和理解的密码
——远离异化的沟通方式

语言是窗户，或者是墙。

他们审判我们，或者让我们自由。

在我说与听的时候，

请让爱的光芒照耀我。

——鲁斯·贝本梅尔

【班会目的】

1. 了解四种异化的沟通方式，拒绝批评、比较、命令、指责，不让异化的沟通方式欺骗自己。

2. 破解爱和理解的密码，褪去隐蔽的精神暴力，让爱自然流露。

【课前准备】

1. 背景音乐——班得瑞的轻音乐。

2. 周立波在《中国梦想秀》的视频剪辑。

【基本结构】

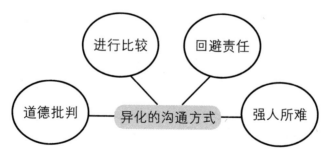

【班会过程】

（一）导入

我们在学习"培育爱的种子——让爱融入生活"后，不知道大家有没有跟我一样的想法，爱其实无处不在。可又为什么说要去寻找它，发现它呢？原来，在我们的生活当中，它常常受到了"蒙蔽"。这节课请大家与我一起了解是什么蒙蔽了爱，一起破译爱和理解的密码。

（二）在情景再现中了解四种异化的沟通方式

1.情景再现：

月考成绩不太理想，郁闷的你无心做作业，在玩电脑，妈妈走了过来，她可能有这四种回答，试概括其回答的要点。

A.每次考试都不理想，你也太差劲了，你在学校都学什么；

B.邻居家的小花成绩比你好，现在正做作业；

C.我看你也尽力了，是不是老师水平太低；

D.成绩这么差，还玩什么玩，做作业去……

2.指名同学回答。

3.小结异化的沟通方式：强人所难，道德评判，回避责任，进行比较

4.过渡：使用异化的沟通方式时……我们常常致力于满足自己的某种愿望，却忽视了他人的感受和需求，以至于走向疏远和伤害，让我们难以体会到心中的爱。

（三）四种异化的沟通方式例析

1.道德评判

（1）什么是道德评判：

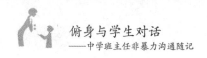

通过归类、评论、批评、指责、辱骂等来评判人。

（2）举例：

例1：周立波在《中国梦想秀》中指责一名从小被抛弃的女子不认亲生父母是心胸狭隘，此属"道德绑架"。

例2：范玮琪因在大阅兵当日坚持晒娃，招致万人声讨。

例3：女子身体不适，公交车上被老人逼让座，让座后被打。

（3）小结：

被评判者感到恐惧、内疚，并被迫迎合，内心不甘。以致心怀不平甚至怨恨，于人无益，于己也损。

（4）延伸：道德评判与价值判断。

一事当前，或对或错或不道德上的判断，只是从价值上表达自己赞成与否。如："你使用暴力很不好，暴力解决不了问题。"这是道德评判。"对你使用暴力我不赞同，我认为有更好的办法解决问题。"这是价值判断。我们可做价值判断，但不可做道德评判。

2. 进行比较

（1）提问：

你对进行比较有怎样的看法？（详见精彩片断）

回答一：我不喜欢被别人拿来比较；

回答二：没什么不好吧，有比较才有动力啊！

（2）小结：

不能被接受的比较令人痛苦迷茫，乐意接受的比较令人斗志昂扬。

更多的时候，比较也是评判的一种形式。它会蒙蔽了我们对人对己的爱意。

3. 回避责任

（1）提问：

什么原因可能使你与他人发生冲突？

（2）回答：

A. 我脾气本来就不好

B. 因为他先惹的我

C. 爸爸说在外面不能太老实

D. 因为同学怂恿我

E. 人不犯我，我不犯人

F. 男生本来就应该让着女生

G. 因为我太气愤了

H. 我从小就喜欢惹事

（3）小结：

以上原因归结为一点就是：回避责任。

其回避责任的借口可概括为：

A. 个体设限

B. 别人不对

C. 长辈要求

D. 同伴压力

E. 文化影响

F. 角色定位

G. 无法控制的冲动

H. 习惯使然

这种种表达方式淡化了我们对自己思想、情感、行为的责任意识。

（4）如果自己真的很生气，又不想与他人发生冲突，我们该如何做呢？

A. 深呼吸三秒，告诉自己，冲突不是解决问题的办法。

B. 检讨自己，如果真有言行不妥之处，承认不足，表达歉意。（行有不得，反求诸己。各自省，天清地宁；各相责，天翻地覆。）

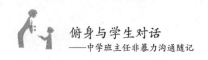
C. 如果不是自己的原因，对方还咄咄逼人，不责备，不辱骂，不动手，不相冲突。保持平静，如果可以，想想对方可能是什么需要没有得到满足。

D. 以负责任的态度思量：无论你想或者不想，有些事情我们要面对，有些责任我们要承担。

（5）举例说明什么是负责任的语言表达。

负责任的语言表达形式是：我选择……，是因为我想……

例如：面对繁多的作业……

回避责任的表达是："我不得不完成老师布置的作业。"

负责任的表达是："我选择写作业，因为我想巩固知识，想拥有好成绩。"

4. 强人所难

（1）什么是强人所难：

是指我们对别人的要求往往暗含着威胁：如果不配合，他们就会受到惩罚。认为"某人应当受到惩罚"使我们难以体会到心中的爱。

（2）提问：强人所难会有怎样的影响呢？

A. 会使人心里难受。

B. 会使人无法尽善尽美地完成任务。

C. 会使你与他人的关系冷淡、恶化。

D. 使用这种方式对待他人，他人同样可以使用这种方式对待你。

……

（3）如何面对别人"强你所难"？

回答：强人所难不是达成目的的手段，而回避责任也不是为人处世的态度。如果用简洁的话表达，那就是专注于自身的感受和需要，体会自己的内心世界；有理有节地拒绝，合情合理地建议。

（4）学生举例面对"强你所难"的做法。

（四）总结：

人天生热爱生命，乐于助人。可是，异化的沟通方式使我们难以体会心中的爱。道德评判，它将不符合我们的价值观的人看作是不道德的或邪恶的。进行比较，它蒙蔽对人对己的爱意；回避责任，它淡化了我们对自己思想、情感和行为的责任意识；强人所难，造成了心理上的隔阂。

中文繁体字"愛"道出了爱的奥秘。繁体字"愛"字由两部分组成，最上面的部分是一只手托盘，盘子里有一颗心。下面的部分是一只手接住有爱的盘子。只有当别人愿意用他（她）的手接住奉上的心时，才是爱。爱是一种相互受益的关系。付出的爱让对方真切地感受到，才是完整的爱。

【精彩片断】

（异化的沟通方式之一：进行比较）

主持人 A：你被"进行比较"过吗？（等待同学们发言。）

生答一：我相信大家都不陌生的一句话就是：别人家的小孩。（指向父母）

生答二：我同样觉得大家都不陌生的一个例子就是：对面班级，你懂得！（那眼神明显指向老师——冤，我可很少去比。其实，我也只能说很少。）

主持人 B：是的，你会发现比较无处不在。

主持人 A：那么，你对进行比较有什么看法呢？

生答一：关于比较，不外乎两种观点。坚强的你也许不在乎，脆弱的我可不喜欢被别人拿来比较。

生答二：没什么不好吧，有比较才有动力啊！

生答三：这次他考得好些，下次可能就是我考得好些了。我不会永远比他低的。有什么好比的？

生答四：其实，我们应该辩证地看待比较。比较对人的影响有好有坏，我们要懂得不要轻易拿他人作比较，也要善于从比较中汲取力量，产生动力。

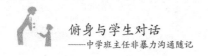

生答五：进行比较，可与自己比，不与他人比。拿今天的自己与过去的自己比较，看到进步与成长，生长信心与动力。

主持人 B：看来，不恰当的比较会让我们陷入迷茫，可以接受的比较令人斗志昂扬。

主持人 A：没想到对于进行比较，并不是所有同学都认为是异化的沟通方式。看来我们辩证思维高人一筹啊！

主持人 B：我们大多数学生还是不喜欢听到"别人家的孩子……"。所以家长和老师说出这话前一定得三思。

我又被一些学生意味深长地瞟了一眼。

【学生感言】

今天的班会课上，我了解到了进行比较是一种异化的沟通方式。其实，在之前我对此早有感受，因为我的妈妈总爱拿我和我初中的一位同学比较。高中时，我们两个分别就读了不同的学校。每次考试结束，也不知我妈妈从哪里得来的信息，她就开始唠叨：某某某这次考试是班上的前几名，她原来的成绩和你差不多呀，有时你比她考得还要好的，现在怎么就……这个时候，我往往会急速打断妈妈的话，拜托你不要讲了好不好？这样的话往往会激起妈妈更大的情绪，你不用功学习，我还不能说，是吗？我哪有不用功学习了？你知道我在学校有多累吗？然后我开始哭泣……

本来我和我那同学关系极好，被妈妈这样数落几次后，有几次我都有点"恨"起她来了。有一次家长会前，班主任说，可以写一些送给家长的话，让家长们了解孩子的心声。我写的是：不要总是拿别人家的孩子与我作比较。我可从来没有拿您和亿万富翁家长做比较！！班主任真在家长会上念了。幸好我没有署名。自那以后，妈妈比原来有所节制了。

话又说回来，我确实没我那同学认真，成绩也总是落后于她，如果妈妈少进行比较，多加激励，会怎么样呢？或者，我也得改变心态，像今天班会课上有同学所说的那样，有比较有才动力。我主动向她看齐，以她为学习榜样，多努力一点，学习动力应该会更足一些，学习态度也会更好一些吧。

（郭欣媛）

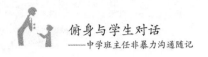
把别人看在眼里
——区分观察和评论

不带评论的观察是人类智力的最高形式。

——印度哲学家克里希那穆提

【班会目的】

1. 了解观察与评论的区别。

2. 初步学会不带评论的观察，使沟通更顺畅，关系更融洽。

【课前准备】

1. 背景音乐——班得瑞的轻音乐。

2. 制作好标注有"观察"和"评价"的游戏卡片。

【基本结构】

区分观察和评论

表达方式	观察和评论被混为一谈	区分观察和评论
缺乏证据	米奇学习不认真	米奇有两天没来上课
评论他人能力时，把评论当作事实	欧文的球技很烂	在今天的班级篮球赛中，欧文没有进一个球
使用形容词和副词时，把评论当作事实	索菲长得很丑	索菲对我没有什么吸引力

【班会过程】

（一）导入

1. 提问：当你被理发师坑了的时候，你旁边的人会说："你的刘海怎么变丑了！"

当你办事没有办好时，你旁边的人会说："你怎么这么蠢！"

当别人看到你在下午睡觉时，他们会说："你这个懒猪！"

当你星期六去看了个电影时，有人会说："你怎么老是不搞学习！"

在以上情境中，假如你听到以上话语，你会有什么感受？

学生一：不爽；

学生二：很生气；

学生三：指责别人。

主持人 A：我们为什么会生气？是因为这些话语所表达的都是别人的主观臆断，都是不好的评论，而非暴力沟通强调的是对事实的观察。

2. 小结：非暴力沟通不要求完全客观而不做任何评论，只强调区分两者的重要性。将观察和评论混为一谈，人们将倾向于听到批评，甚至会产生逆反心理。

（二）区分观察和评论

1. 先看一组对比

你剪头发了？ or 你的头发怎么又变丑了。

这盆多肉植物好丑。or 这盆多肉植物的叶子瘪了。

这朵花好漂亮。or 这朵花是粉色的。

2. 判断：哪句是基于观察的表达

表达观察的是：你剪头发了？ 这盆多肉植物的叶子瘪了。这朵花是粉色的。

表达评论的是： 你的头发怎么又变丑了。这盆多肉植物一点也不好看。这

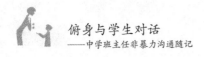
朵花好漂亮。

3. 区分观察和评论

（1）举例：哥哥昨天无缘无故对我发脾气。

解析：如果你认为这一句是观察，我们意见不一致。我认为"无缘无故"是评论。此外，我认为哥哥发脾气了也是评论。他也可能是感到害怕、悲伤或别的。以下例句描述了观察结果而不含任何评论："哥哥告诉我，他生气了。"或是"哥哥用拳头砸了一下桌子"。

（2）小练习：区分观察和评论。

A. 小陈同学长得太胖了。

B. 小明同学经常迟到。

C. 他很少支持我。

D. 她和我说话时总爱发牢骚。

小结：以上表达全部是评论。对于大多数的人来说，观察他人及其行为，而不评判、指责或以其他方式进行分析，是难以做到的。因而印度哲学家克里希那穆提曾说，"不带评论的观察是人类智力的最高形式"。

（3）注意之点。

A. "每次" "曾"等词语在以下句子中表达的是观察结果：

我看安儿打了几次电话，每次都至少打半小时。

我不记得你曾写信给我。

B. "总是" "从不"等词语往往表达的是评论。

如：你总是很忙；在需要她的时候，她从不出现。

c. "经常" "很少"这样的词也会混淆观察和评论。

如：你很少来看我。（评论）他经常去看望空巢老人。（评论）

4. 巩固练习

练习一：互动小游戏

准备：全班分成六组，每组 10 人，各组准备 10 张游戏卡。5 张上面是评价（标注"评"），5 张是对应的观察（标注"观"）。

过程：

（1）每两张卡片一组，用不同的编号组成一套卡片，保证每个学生都有一张。

（2）打乱卡片顺序，发给小组成员每人一张。

（3）一个拿着"评价"卡片的学生大声读出这个评价，持有与之对应的"观察"卡片的学生大声读出自己卡片上的内容。

（4）小组所有成员读完自己的卡片后，卡片上的内容对应的两个人结成对子。

（5）结成对子的两人一起想出新的表达观察和评价的句子，请每组其他同学判断。

练习二：情景对话

A. 情景一：（详见精彩片断）

周五晚自习上课之前，班上异常活跃，年级组长一脸阴沉地走过来："你们难道没听到铃声吗？你们又不是奴隶！"

提问：当时听到这句话，心里有何感想？

如果你是年级组长，你会怎么说？

B. 情景二：

当妈妈某天做的菜不好吃，见你没怎么吃菜，她问你是不是菜不好吃时，你该如何运用非暴力沟通的"观察"，委婉地告诉她菜确实不好吃？

（三）总结

1. 非暴力沟通的第一个要素是观察，将观察和评论混为一谈，别人就会感觉听到的是批评并反驳我们。

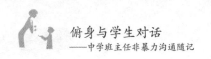
2. 非暴力沟通是动态的语言，不主张绝对化的结论。它提倡在特定的时间和情境中观察，并清楚地描述观察的结果。

【精彩片断】

情景一：

这是一个真实的情景，大家对年级组长的说法普遍不满，主持人问，"如果你是年级组长，你会怎么说？"

学生一：你们教室有着不应该有的热闹啊！

反驳：咦……不好。（被众人否定）

学生二：上课铃响了，请你们不要吵闹了。

反驳：我们没有吵……（又被否定）

学生三：上课铃已经响过了。（陈述上课铃已响的事实，大家觉得好。）

学生四：什么也不说，微笑着站在讲台上。（大家觉得好，年级组长往讲台上一站就有威慑力。）

学生五：我已经听到上课铃响了，其他班也都安静下来了。（众人鼓掌。陈述铃响及其他班安静的事实，言下之意，希望你们也能听到并安静下来。）

学生六：不说话，在黑板上写"已经 6:20 了"。（6:20 是晚自习时间。大家觉得这样的提醒也好。）

情景二：

学生一：妈妈，最近盐是不是降价了？（暗示菜有点咸）

学生二：妈妈，我喜欢吃的是青菜不是紫菜。（暗指青菜颜色有点暗）

学生三：妈妈，我从翡翠白玉汤里看到了一颗油珠子（妈妈最近在减肥，暗指菜里放少了油）

学生四：妈妈，今天我只想吃你煮的饭，菜留给您自己吃吧。（貌似好孝顺，暗示菜难吃。）

学生五：妈妈，我不忍心吃，我看到青菜正在酱油里舒服地泡澡。（暗指酱油放多了。同学们大笑。）

学生六：妈妈，我看到青菜被炒得筋疲力尽了，让它们多休息一会儿。（暗指青菜炒得太过了。）

【学生感言】

就个人感想而言，非暴力沟通中的"观察"与"评论"的重要区别在于是否尊重事实。而这个尊重的前提就是对客观事实的确定。撇开七情六欲，客观公正，特别是在你平时看来那些不入你眼、不入你耳、不入你心的人和事面前，保持一分警惕为好。

不同的场合，我们都有不同的角色需要扮演。例如身为朋友要客观地观察行为，才能使关系融洽。有一次看到我的朋友在抄别人的作业，我说怎么抄袭别人的作业？他立马向我翻白眼，我哪有，只是看了看别人的答案。哦，现在想来，我朋友真是非暴力沟通的高手，话脱口而出即是表达"观察"。我只好作罢，如果我非得认定她是抄袭把她告到老师那里去，你说友谊的小船是不是说翻就翻了呢？又如，身为子女也要平静地看待父母的做法，才能保持家庭和睦。就在前两天，我拖着疲惫的身子回到家，见爸爸妈妈在看电视，是我感兴趣的《中国新歌声》，也就停留了三分钟吧，我妈妈开口了，隔壁的冰冰妈说她家冰冰回到家的第一件事就是做作业。我又发现我妈妈也是非暴力沟通的高手，完全是纯客观的"观察"，无懈可击。可是听到耳朵里感觉妈妈的情感倾向性太明显，我的七窍玲珑心受到了一定的打击，准备还击又无从还击。不过还好，毕竟本姑娘是一名智慧女，眉头一皱，计上心头。我看着妈妈的脸，微笑着缓缓地说，我想冰冰姑娘回到家的第一件事一定是换上拖鞋，我和她一样。不过，第二件事我可能和她不一样了。我也不等妈妈那张大的嘴吐出第一个字，拿着书包迅速地走进了自己的房间。呵呵，非暴力沟通魅力无穷啊。以前，一句话就可以让家里火星四射，硝烟弥漫的；今天，这里的夜晚静悄悄！

（罗娅娅）

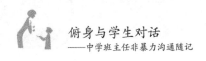
做生活的主人
——体会和表达感受与需要

我们的首要问题应该是"孩子需要什么？"……紧接着就是"我们怎样满足孩子这些需求？"如果我们以此为出发点，那么我们得到的结果将与我们问"怎样才能使孩子们听话啊？"完全不同。

——艾尔菲·科恩

【班会目的】

1. 引导学生关注自己内在的感受，做生活的主人。

2. 帮助学生能够在尊重他人的基础上勇于表达自己的感受。

【课前准备】

1. 若干写有感受的小卡片。

2. 准备三个分别写有"生气""恐惧""痛苦"的 A3 纸大小的标识牌。

【基本结构】

做生活的主人

听到不中听的话可以选择：

1. 责备自己

2. 指责他人

3. 体会自己的感受和需要

4. 体会他人的感受和需要

个人成长三阶段：

第一阶段：情感的奴隶——我们有义务使他人快乐。

第二阶段：面目可憎——拒绝考虑他人的感受和需要。

第三阶段：生活的主人——对自己的意愿感受和行动负责，意识到无法为他人负责。

【班会过程】

（一）导入

主持人 A：马歇尔说，他在美国学校学了 21 年，却想不起有什么人问过他的感受。人们认为感受是无关紧要的，重要的是各种权威主张的"正确思想"。

主持人 B：是的。长期以来，我们被鼓励服从权威而非倾听自己。渐渐地……我们习惯于考虑："人们期待我怎么做，而不是我自己想怎么做。感觉脑袋长在别人身上，倍感压抑。"

主持人 A：是啊，我们都希望做自己生活的主人。这样，体会和表达自己的感受与需要就显得尤为重要。

（二）体会和表达感受

1.小测试：区分感受与看法

（1）如果有人莫名其妙地给你一巴掌，你有什么感受？

学生一：很气愤。（感受）

学生二：感觉被羞辱了。

学生三：还给他一巴掌。

……

（2）你不小心摔倒了，慧慧同学及时把你扶了起来，你有什么感受？

学生一：想对他说谢谢。

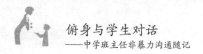

学生二：很温暖。（感受）

学生三：很高兴。（感受）

（3）小结：

同学们的回答有的是表达感受，有的是表达看法。如很气愤、很温暖这是表达感受，想对他说谢谢，感觉被羞辱了等则是表达看法。要表达感受首先要区分感受和看法。如"我觉得我这次主持不是很好"，这是表达看法，有评判意味；"作为主持人，我有些紧张"，这是表达感受，表达紧张的感受。

2. 建立表达感受与看法的词汇

（1）提问：下列哪个是感受，哪个是看法？

A. 我觉得我吉他弹得不好。

B. 作为吉他手，我有些失落。

前一句是表达看法，后一句是表达感受。

（2）建立词汇：

清楚地表达感受还需要建立丰富的词汇。

表达感受的词：

A. 表达需要被满足时的感受的词：

兴奋、喜悦、陶醉、精力充沛、平静、自在、感动、开心、放松、舒适、心旷神怡等。

B. 表达需要未被满足时的感受的词：

紧张、忧伤、生气、害怕、灰心、厌倦、担心、心神不宁、悲伤、筋疲力尽等。

表达看法的词：

被抛弃、被羞辱、被虐待；

被打扰、被拒绝、被束缚；

被欺负、被利用、被贬低；

不受重视、无人理睬、无人赏识。

（3）小练习：看看以下句子是否表达了感受？

A. "我觉得你不爱我。"

B. "你要离开，我很难过。"

C. "当你说那句话时，我感到害怕。"

D. "你能来，我很高兴。"

E. "我是个没有用的人。"

F. "我觉得我被人误解了。"

参考答案：A否，B是，C是，D是，E否，F否。

（4）小结：

非暴力沟通的第二个要素是感受。通过区分看法和感受，建立表达感受的词汇表，我们可以更清楚地表达感受，从而使沟通顺畅而又充满爱。

（三）感受的根源

1. 感受的根源在于我们自身

（1）提问：有人把你撞倒，不仅没有向你道歉，还怪你走路不小心，这时，你会怎么样？

学生一：回嘴说，不长眼的是你呢！

学生二：自认倒霉。

学生三：很气愤。

（2）小结：在非暴力沟通看来，别人的行为可能会刺激我们，但这并不是我们感受的根源。是我们自身的需要和期待，以及对他人言行的看法，导致了我们的感受。如以上问题三个同学的回答各不一样，是因为他们对事情的看法不一样。非暴力沟通强调感受的根源在于我们自身。我们越是留意自己内心的声音，就越能听到别人的声音。

2. 听到不中听的话时，我们的回应

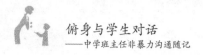

（1）提问：听到不中听的话时，我们的回应有哪些？

A. 责备自己

B. 指责他人

C. 体会自己的感受和需要

D. 体会他人的感受和需要

（2）举例说明（略）

（3）小结：

对他人的批评、指责、评论以及分析反映了我们的需要和价值观。如果我们通过批评来提出主张，人们的反映常常是申辩或反击。反之，如果我们直接说出需要，其他人较有可能做出积极回应。

滋养身体、情意相通、言行一致、相互依存、自由选择……这些是每个人都有的基本需要，也是有助于生命健康成长的要素。当我们开始谈论需要，而不是指责对方时，就可能找到办法来满足我们双方的需要。

3. 个人成长的三个阶段

（1）解说：成长阶段论。

第一阶段：情感的奴隶。

在这个阶段，我们相信，自己需要为他人负责，让他人快乐是我们的义务。如果别人不高兴，我们就会感到不安，觉得自己有责任做点什么。

当我们把照顾他人当作最高职责，我们就会倾向于忽视自己的需要。时间一长就会感受到难以承受的痛苦，而沦为情感的奴隶。这也是大多数个体成长的第一阶段。

第二阶段：面目可憎。

在这个阶段，我们发现，为他人的情绪负责，牺牲自己迎合他人的代价实在太大。想到日子过得这么憋屈，我们会很恼怒。

第三阶段：生活的主人。

在这个阶段，我们乐于相助。我们帮助他人是出于爱，而不是出于恐惧、内疚、惭愧。那是自由而快乐的行为。

（2）小组交流，举例说明什么是个人成长的三个阶段。

举例分享：我们班的班长认为为我们服好务是他的职责，如果哪天某同学表达了对班长的不满，班长认为是自己没有尽到责任，这时，他处于情感的奴隶阶段；如果他觉得班上挑剔的同学太多，他觉得很委屈，很恼怒，动不动就对同学发脾气，这时他的面目可憎；如果班长觉得他不是出于什么责任和义务服务我们，而是因为他内心无私的爱，是基于自身的快乐而服务学生，这时他才是自己的主人，生活的主人。

（四）巩固练习：小游戏

目的：理解一个人对同样的情况会有不同的情感反应。

过程：

1. 游戏前，将三个分别写有"生气""害怕""痛苦"的 A3 纸大小的标识牌大致呈三角形摆在教室里。

2. 读出一句话，指导学生体会自己听到这句话之后的感受最接近哪个标识牌，让他走到相应的标识牌那里。如果混杂着几种感受，就走到事先划定的综合区；如果学生的感受与这三种感受基本不相关联，则走出三角形区。

描述语句：（可以根据现场气氛调整）

（1）你的数学作业错了很多。

（2）你妈妈说来接你，可过了约定的时间半个小时了她还没来，电话也打不通。（详见精彩片断）

（3）你最好的朋友某一天突然对你很冷淡。

3. 每次读一句话，直到大家的兴趣减弱。

4. 交流讨论：你选择的原因是什么？看着大家走向不同的角落你有什么感受？

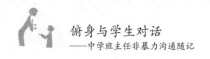
（五）总结

感受根源于我们自身的需要。当我们关注到自身的需要并对自己的意愿、感受和行为负责，同时意识到我们无法为他人负责时，我们就成为了生活的主人。

【精彩片断】

"你妈妈说来接你，可过了约定的时间半个小时了她还没来，电话也打不通。"

当主持人念出"你妈妈说来接你，可过了约定的时间半个小时了她还没来，电话也打不通"后，有的同学跑向"生气"，有的跑向"害怕"，有的跑向"痛苦"，还有的同学跑出了三角形区。

……

主持人 A 问同学 A：你感到害怕是因为担心妈妈可能遇到了突发事件吗？

同学 A：是的呢，总觉得自己脑洞有点大，经常会因为脑补过多而吓到自己（笑）。

主持人 B：你感到害怕是担心妈妈，这是人之常情呢。（笑）

主持人 A 问同学 B：为什么你会感到生气呢？

同学 B：因为我与妈妈已经约定好时间，可我被放鸽子了，并且我还打不通她的电话，让我等那么久，我肯定会生气啊。（认真严肃的样子）

主持人 B（点点头）：我是能理解这种生气的。但理解归理解，站在妈妈的角度去想，妈妈一定不是有意这样，可能是路上堵车或者临时有急事，又碰巧手机没有电了。

主持人 A 问跑向"痛苦"的同学 C：过了半个小时妈妈还没有来，你会很痛苦？

同学 C：是啊。妈妈每次答应的好好的，可总是会迟到半个小时到一个小时。每次我的计划都在无聊的等待中泡汤……

主持人 A：哦。我好像很能理解你的痛苦了。（爱抚地拍了拍了 C 的肩膀）

主持人 B：请问问自己的内心，我们需要的是妈妈及时来接我们，如果不能及时赶到要主动联系，如此，才是对我们的重视。我们需要重视，但我们却并没有获得，于是我们会生气，会害怕，甚至会痛苦。这些情绪都是由我们的需要而产生的感受，我们的需要不同，我们产生的情绪和感受也就不同。了解到这一点，当我们有某些情绪时，可以自己分析这个情绪的来源，这是出于哪一种需要呢？我对这件事有怎样的期待呢？在自我分析中，自我化解掉一些不利情绪，从而能很好理解他人，在人际交往中获得愉悦和友好。

【学生感言一】

今天在录播室上了这堂活动课，两位同学超棒的演绎让我体会颇深。

在上活动课之前，我从未想过说话还这么有讲究，也根本不知道观察与评价，看法与感受的区别。只是简单地说自己想说的，当然也会考虑对方的感受，但又没考虑得这么细致。

上完这个课我得到的启示是：要明确地向对方表达自己的感受。与人沟通，就像课堂上提到的那一对夫妻的例子，丈夫只是在抱怨火车开得慢而没有说出自己的感受，所以导致妻子也不知道他想表达什么，也跟着烦闷起来。我觉得我们都习惯认为自己的亲人、好朋友、老师都了解、理解自己，所以觉得自己的行为能被他人理解，但事实并不是这样。父母不会因为你嘟嘴生闷气，就知道你不想做这个；朋友也不会因为你的一句"好烦"，就知道你在烦恼什么。而当我们不被他人理解时，我们就会觉得他人不关心自己，不了解自己，误会、隔阂就这样产生了。但这都是因为你表达不清楚呀！

所以我们要积极与他人沟通，明确、清晰地表达自己的想法或感受。这样，我们才能与父母、朋友、老师之间少些误会，多些愉悦。

（何宇婕）

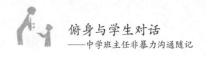
【学生感言二】

我是一个不会安慰人的人，也不好意思把自己的关心直接说给人听。

这种症状严重到什么程度呢，寒假跟我妈去香港的时候，刚吃过早餐不久她又要买吃的，我不愿意去，就跟她闹脾气，结果她当即对我说她有低血糖，饿不得，我愣了两秒，"哦"了一声，还是跟着她走了。

你看，我就是说了一句"哦"，其他任何多余的话都没有，尽管当时我的脑子里闪过许多类似于"妈妈有低血糖？""严不严重？""我之前怎么不知道？"的念头，但我一个字都没有问，似乎一点都不关心妈妈的需要，好在，妈妈没有责怪我，反而因为填饱了肚子而和我聊得更开心。

这就是我想表达的：比起得到他人直接的反馈，或许我们也应该从他人贫乏无力的字句，甚至是转瞬即逝的表情中去揣摩别人的感受和需要，因为这个世界上，还是有那么多人羞于坦露自己的情怀的。

高一和我很要好的一个姑娘在现在的班上被另一些姑娘所不喜欢，上周和她一起回家时，她跟我讲起这件事，尽管她的声音平静温和，我却依然从中听出了她情绪的低落以及她的需要，便当即做了一个大胆的决定：搂住比我高了半个头的她，拍拍她的背，大声地说："没关系的，我好喜欢你的！"我发誓这是我对人说过的最大胆露骨的话了，哪怕是对家人，我也未曾说过"喜欢"二字。她抬起头来，看着她发红的眼眶，我也觉得无比温暖。

因为我知道，她从我短短的十个字中读出了千言万语，而这种能让人读懂的感觉真的来之不易。

所以，再不要抱怨得不到爱，因为你的身边或许恰巧正是一群不会表达的人，而这样的你又是多么幸运啊，因为只要你有那么一点表现出读懂，这些人就会更加努力地爱你。

你或许并不知道，但我真的爱你。

（付苏汉清）

成功和幸福的秘诀
——提出具体的请求

你一定要提出请求。在我看来，这是强有力的——同时也是最受忽视的——能够实现成功和幸福的秘诀。

——珀思·罗斯

【班会目的】

1. 认识到价值和需要的重要性。

2. 培养从需求层面进行思考的习惯。

3. 认识到我们可以用多种方法满足我们对需要的满足。

【课前准备】

1. 搜集好图片文字资料。

2. 排练情景剧。

3. 视频剪辑。

【基本结构】

请求帮助

1. 提出具体的请求

2. 明确谈话的目的

3. 请求反馈

4. 了解他人的反应

5. 区分请求与命令

非暴力沟通的目的：与他人联系

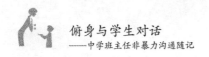
【班会过程】

<h2 style="text-align:center">（一）导入</h2>

主持人Ａ：珀思·罗斯说："提出具体的请求能帮助我们把握成功和幸福的秘诀。"你相信吗？

主持人Ｂ：有点不可思议哦。

主持人Ａ：不相信，是吧？那就让我们拭目以待吧。

<h2 style="text-align:center">（二）提出具体请求</h2>

1.听故事，谈启示。

故事一：

从前有两只可爱的大熊猫，他们生活在中国雅安的碧峰峡大熊猫保护区。

熊二：熊大，俺已经生无所恋了。你能带着我远走高飞吗？

熊大：俺愿意。

熊大：可你先说熊话。

熊二：俺们越狱。

熊大（内心独白）：熊二你有话好好说嘛！人家怎么会知道远走高飞是什么意思！

熊二：讨厌，人家只是想显得比较有文化啦……

启示：避免文艺范、抽象化，请求越具体越好，请求他人采取具体的行动将揭示我们的动机。

故事二：

情境：陈老师正在讲文言文的宾语前置句式，这个知识点既重要又有难度，可是，此时陆同学正在转笔。

师：陆同学，上课时不要转笔好不好？

陆同学放下了笔，不知该干什么，他拿出了一本小说。

师：陆同学，虽然是语文课，但在课堂上看小说也是不可以的。

陆同学放下了小说，又不知干什么，他开始打呼噜。

师：陆同学，你不可以……

唉，陆同学不可以干这个，不可以干那个，到底陆同学可以干什么呢？老师该如何表达呢？

启示：不说请求对方不做什么，而是清楚地告诉对方，我们希望他们做什么。

2. 小结：

对他人：

（1）避免文艺范、抽象化，请求越具体越好，请求他人采取具体的行动将揭示我们的动机。

（2）不要求对方不做什么，而是清楚地告诉对方，我们希望他们做什么。

对自己：

如果只是提醒自己要避免什么，可以吗？

NO! 因为很可能会重蹈覆辙哦。

清楚表达自己可以做什么，也就在内心清楚了自己对自己有什么样的期待。

（三）明确谈话目的

主持人 A：我们提出了自己的请求以后，为了确保别人确实明白了我们的意思，我们需要请求反馈。也就是说友好地请对方重复一下自己刚刚表达的意思，以确保双方的理解一致，不仅是对请求的理解一致，对于为什么这样请求也要理解一致。

1. 互动环节。（请两名学生互动）

有一次，我乘火车去机场，坐在我正对面的是一对夫妇。对于赶飞机的人来说，慢速行驶的火车是十分烦人的。

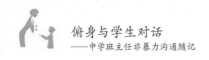
对面的那位先生气冲冲地对太太说，"我从没有见过开得这么慢的火车！这么慢！"

妻子转过头去："这趟列车行驶的速度是由程序控制的。"

她先生更为恼怒，更大声地嚷道："我从没有见过开得这么慢的火车！"

太太终于失去了耐心，厉声地说："那你想我怎么样？下去推火车？"

情感：……双方陷入痛苦之中。

这位先生想听到什么呢？我相信他想要的是理解。如果他太太意识到这一点，她也许会说："你希望火车开得快一点，是担心误机吗？"

2. 小结：

当我们和另一个人说话时，总是希望有所回应：或许是希望得到认同，或许是希望得到理解，或许是希望得到如实的反馈以了解他人的想法，或许是希望他人采取一些行动……

对自己的认识越深刻，表达越清楚，就越可能得到称心的回应。

如果别人给了我们反馈，我们发现和我们表达的意思不一致，这时候如果我们说"你没有听明白"、"这不是我的意思"或者"你听错了"这样的话，很可能会显得我们在指责对方，这样一来，或许我们的谈话会向不太友善的方向发展。所以我们应该首先向对方表达他们给我们反馈的谢意。"感谢你给我反馈。我想我说得不够清楚。我的意思是……"这样的表达更符合非暴力沟通的法则。

（四）请求反馈

1. 根据描述的情境作答。

情境一：一位女生对一位男生说："……好烦，请陪我聊聊天。"

接下来的情况很大可能是：现在开始"女生"要持续负能量吐槽大约二十分钟，你就安安静静耐心听着，我说啥你就猛点头夸我说得太对，我骂谁你就跟着骂，我哭了你就递纸巾，不要乱插嘴，不要分析这分析那，不要乱提一二三四条建议……

如果还敢说"你错啦"之类的话就死定啦……

小结：在读懂对方层面，男女性别差距很大。

情境二：

当你向朋友陈述完某件事情后，你会向他再三确认吗？

情境：莹莹今天没生活费了，她记起路路借了她 20 元钱，于是她向路路开口了：

"路路，上次你借我的钱去吃了两大碗螺蛳粉哦。"

"是的，林科大那家很好吃，我还加了 4 根香肠。"

"那你的钱 ....."

"放心，够用。（总裁脸）"

……

小结：请求反馈在交往中十分重要。

2. 小结。

我们的意思 ≠ 别人的理解。当无法确定对方是否已经明白自己的意思时，我们需要请求反馈。

"我的意思清楚吗？"我们希望对方能充分表达他的理解。一旦意思有所不同，我们有机会做适当的补充。

当对方给予反馈，应及时表达我们的感谢；如果对方不愿反馈，倾听他的感受和需要。

（五）了解他人的反应

1.当确认对方已明白后，我们会急于了解对方的反应，一般有三方面内容：

（1）对方此时此刻的感受：听我这么说，你的心情怎样？

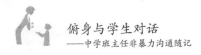

（2）对方正在想什么：请问我的建议是否可行？如果不行，那哪些因素会妨碍建议的实施呢？

（3）对方是否接受我们的请求：我想知道，你是否同意会议推迟一周？

要能意识到自己想了解哪方面的内容，并明确提出请求。

（六）区分请求与命令

1. 提问：杰克和他的朋友 Rose 说："我很孤单，今晚你陪我聊聊天吧。"这是请求还是命令呢？

2. 指名分析。（详见精彩片断）

3. 小结：

区分一：请求没有得到满足时，提出请求的人如果批评和指责，那就是命令；

区分二：如果想利用对方的内疚来达到目的，那也是命令。

（七）非暴力沟通的目的

非暴力沟通不是用来改变他人以迎合自己，而是用来帮助我们"在诚实和倾听的基础上与人联系"，希望人们的改变和行动是出于"对生命的爱"，并希望这种爱能够进行传递。

误区 1：如果以"请求"是否得到满足来判断非暴力沟通是否有用，那只是运用了非暴力沟通的形式，而忘记了它服务的目的。

误区 2：即使我们以适当的方式提出请求，但仍会被有些人误以为是命令。特别是当我们处于强势的一方，曾受过权威威胁的人尤其容易做出这样的判断。这时，需要给对方一些时间来了解。

误区 3：在提出请求前，如果我们已经想着"他应该""他必须""我有权"……那么，我们的请求已经成为了对他人的要求。一旦他人没有满足，我们难免就会指责他们。

（八）巩固练习

根据情境，借助"四要素"提出请求。

参考格式：当我看到（听到）……，我感到……，因为我需要（或看重或希望等）……，你是否愿意（或可以等）……

情境：上课时间，陈老师看到小明同学背着书包在校门外吃炸鸡。

此时的陈老师：

1.（走上前质问）还没放学，你怎么在外面闲逛？（这是暴力表达）

2. 我看到你在放学前就离开了校园，我有点纳闷。（我希望知道）发生了什么事呢？你可以告诉我吗？（这是非暴力沟通）

（九）总结

今天班会课将非暴力沟通引入了一个更深的层面——在表达观察、感受和需要之后，我们如何请求他人的帮助。

首先，我们要"提出具体的请求"和"明确谈话目的"。接下来我们就需要站在他人的角度来看问题，"请求反馈"和"了解他人的反应"。学会站在别人的角度考虑问题，不能把请求变成命令。非暴力沟通的目的是帮助我们在诚实和倾听的基础上与人联系，它让我们重视每个人的需要。因为当我们总是想改变别人，让别人来迎合我们的需要时，这将会使他们与我们的关系逐渐疏离。我们只有看重彼此的感情，真正的社会价值和个人需求才会得以实现。

【精彩片断】

（区分请求和命令）

1. 提问：杰克和他的朋友 Rose 说："我很孤单，今晚你陪我聊聊天吧。"这是请求还是命令呢？

2. 分析。

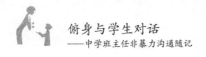
学生 A：这可能是请求也可能是命令。

学生 B：假定 Rose 回答说："杰克，我今天很累。如果你想今晚有人陪你，你去找其他人好不好？"杰克回答说："你这人真自私！"；或"上次你不舒服的时候，我陪了你几个小时呢？！"这是在表达命令。杰克并没有重视 ROSE 休息的需要，而开始指责她。想利用对方的内疚来达到目的，这是命令。

学生 C：我再举例分析：爸爸问儿子：为什么还不去做作业？

——孩子将会看做是命令或指责

爸爸如果这样说："我担心你的作业做不完，去做作业好吗？"

——这是恰当的说法：先说出感受，再提出请求。

【学生感言一】

记得以前看过这样一个事例。美国一对年轻的夫妇带着出生才十四周的双胞胎婴儿坐飞机。这对夫妇给飞机上的每一位旅客都发了一个特殊的"礼物"——一张卡片和几颗糖果。卡片上写着："如果我们在飞机上吵闹的话，先向您道歉，请您谅解，这里还有一些糖果。如果我们实在太闹了，我们的爸爸妈妈那里准备了耳塞，再一次向您道歉。打扰了。"这对夫妇在给乘客造成麻烦前用孩子的口吻写的话，表达了一种明确的请求和足够的诚意。也许不能说是真正意义上的非暴力沟通，但也还是能给我们一些启示的。

另外，我认为，与他人的沟通交流的前提是先了解自己的需要，我们的请求才会更明确。哦，推荐一本书——《遇见未知的自己》，这本书的一些理念与非暴力沟通有相通之处，书里的很多方法也十分受用，它以小说的形式呈现，也比较有趣，值得大家一看。

（喻冰清）

【学生感言二】

在非暴力沟通中，区分命令与请求，很重要。我们提出请求后，对方是否如我们所愿，我们都可以接受。而在之前，我会把别人的请求当命令，觉得不答应很不好；同时如果别人没有答应我，我也会有点难受。所以，当主持人提出：对于提出自己的请求，我们在表达的时候可能会考虑很多，对方是否接受？他（她）又是否会对我有想法？不得不说，这个问题提出来时自己真是一直点头，因为我就属于这种。很多话不敢说，总是犹豫，但又觉得不说不舒服。

学非暴力沟通一段时间后，渐渐的，在与人相处中，我也学会了沟通。举一个自己的例子。我有一个朋友，因为一件小事，双方心里都有一点小疙瘩，又都没有明说，也就疏远了。但我们常常见面，有时我会刻意回避，有时躲避不及，会像陌生人一样走过，很尴尬，这堵墙要堵多久呢？想了很久，觉得对方是个值得交的朋友，不想失去。我想用非暴力沟通表达我的请求，即使她不认我这个朋友也没有关系，我把我的意思说明白就好。这样一想，我主动找到她，告诉了她我的想法，道出了自己的内心——还是希望能和她是好朋友。没想到的是，她也明确表达自己的歉意，希望还是好朋友，我们相拥在一起。后来就相处得很好了，见面再也没有了之前的尴尬。

沟通是人与人之间的一座桥梁，也许有的话说出来真的需要勇气，就像"开口有时比开火更难"一样，但有的话不说，或许你会一直后悔的，时间长了问题就很难解决了。

学习沟通，多加"实践"，慢慢成长。

（伍佳惠）

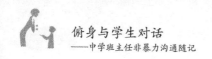

耳朵是通向心灵的路
——学会倾听他人

如果有人倾听你，不对你评头品足，不替你担惊受怕，也不想改变你，这多么美好啊！一旦有人倾听，看起来无法解决的问题就有了解决办法，千头万绪的思路也会变得清晰起来。

——卡尔·罗杰斯

【班会目的】

1. 了解倾听的重要性。

2. 学习如何正确倾听。

3. 学会运用倾听打破内心的沉默，连接对方的心灵。

【课前准备】

1. 情景剧准备。

2. 查找有关倾听的资料。

【基本结构】

如何用全身心倾听

1. 体会他人的感受和需要

2. 给他人反馈

3. 保持关注

4. 当我们痛苦得无法倾听时 { A. 体贴自己 B. 提出请求 C. 换个环境

【班会过程】

（一）导入

你知道倾听有什么作用吗？你懂得倾听他人吗？如果你的回答是 NO，那么今天你会受益良多；如果你说的是 YES，那好，你今天能帮到很多同学，一定会很好成就感的。

（二）倾听的作用

（一）欣赏情景剧，说说倾听的作用

情景剧一：

考试后的某一天，发生了这样一段对话：

"同桌，我这次考得好差，联考只考了全班第二，第一被冰冰同学给抢走了，好伤心……"

"你感到很伤心，因为你太想考班级第一了，是吗？"

"是的，我好不甘心，就只差那么 2 分了。如果那道选择题没有错的话，我就是全班第一了呀！！！"

"嗯，你不甘心，你是说那道被你改错了的选择题如果没有改该有多好？"

"是啊，我真的好伤心好伤心呀，我可是想要超越罗亦宗的女人呀，我真的超级伤心的，呜呜呜呜……"

"哦，你是不是希望我们联合起来打败赵大伟，然后扬眉吐气？"

"嗯，和你哭诉完后我感觉好多了……"

小结：倾听使人身心痊愈。

情景剧二：

家里，妈妈和儿子的对话：

"都七点半了，你还不去写作业，要拖到什么时候？"

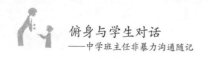

"看看别人家的小明，回到家不休息，学习就没有停过。"

"你怎么还不去睡，明天你又得赖床，懒懒地一天就这么过去了！"

但是，我们往往会用更高的调子更大的声音来回复：

"好喽！你烦不烦，马上就去。"（稍稍妥协型的）

更有甚者会回"关你什么（屁）事，我不想和你讲话。"

如果两位的性子都比较急，那么恐怕一场世界级大战即将开始……

如果你遇到这种情况，恰好你又想起了我们这段时间学习的非暴力沟通，你会做出什么反应呢？

你可能会这样子：

"好吧，妈妈，我一会就去，我已经学习了一周了，我先休息十分钟，就十分钟，可好？"

又可能是这样子：

"妈妈你工作了一天也累了，先休息休息，我一定好好做作业。"

小结：倾听可改善人与人之间的关系。这种倾听带有示弱的意味。必要的示弱，有利于沟通和对话。这种示弱，不是委屈自己去成全，而是不管对方具有怎样高亢的情绪，都能自始至终平静以对。在平静中倾听他们的感受和需要，并给予他们反馈。

情景剧三：

1. 通过倾听来预防潜在暴力。情景剧演绎。（详见精彩片断）

2. 小结：倾听也可以预防潜在暴力。越是专注于对方的感受和需要，就越会把对方看作是因需要没有得到满足而感到失望（绝望）的人，而不是一个恶魔。

（三）如何全身心倾听

1. 这是倾听吗？

（1）欣赏情景剧

月考完后，明德中学高二同学王朋兴高采烈地回到了家。一进门，就把书包一丢向电脑奔去。

这时，王朋的妈妈靠了过来："考得怎么样？"

王朋答道："不知道。"

妈妈又问："你自己考的，你怎么不知道考得怎么样？"

王朋有点不耐烦地说道："不知道就是不知道，别吵了，好不容易玩会电脑。"

妈妈锲而不舍地继续说："我花钱供你读书，问一下怎么了。一回来就玩电脑，成绩出来我倒要看看你考得怎么样。"

王朋起身朝房间走去，砰的一声关上了房门……

如果你是王朋的朋友，他周末返校后向你倾诉他的烦恼，你会怎么说？

请用具体的话表达出来。

随机抽取幸运观众。

学生1：我想你应该向你妈妈道歉。（建议）

学生2：这算不了什么，你听听我的经历……（比较）

学生3：如果你这样做……你将会得到很大的好处。（说教）

学生4：这不是你的错，你已经尽很大努力了。（安慰）

学生5：这让我想起我的另一个朋友的故事。（回忆）

学生6：高兴一点，不要这么难过。（否定）

学生7：哦，可怜的人……（同情）

学生8：这种情况是什么时候开始的？（询问）

等同学们说完，王朋差点抓狂了。为什么会这样呢？

（2）小结：

当同学感到痛苦向我们倾诉时，我们总认为要想办法使他们好受一点，于是，我们急于采取行动，给他提建议，询问他，安慰他，有时还会去纠正他……

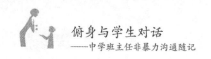
结果却是费力不讨好，因为我们只是在诊断别人，而不是在倾听他们。反而妨碍了我们体会他人的处境。

过渡语：这也不能做，那也不能做，怎么做才比较合适呢？

2. 倾听的正确方式

（1）体会他人的感受和需要

主持人 A：许多女大学生抱怨男朋友打游戏时不回应她们所说的话，让女生感觉到被忽略了，于是她们就要挟男朋友："你是要游戏还是要我？！"

于是，就有了接下来的一幕：一个大三男生和女友因打游戏吵架分手，女友气愤地把男生的《英雄联盟》（简称 LOL）符文 17 页全部融掉了……男生瞬间变身暴走状态，手持水果刀在大学食堂狂捅女友 2 刀。这就是不进行非暴力沟通的暴力后果。

小结：男生没有体会被他冷落一旁的女生的感受和需要，女生也没有体会到将男生的 17 页 LOL 符文融掉会给男生带来怎样的伤害，结果导致事件恶化，不可挽回。

（2）给人反馈，主动表达感受和需要

在体会他人的感受和需要后，我们也要及时给人反馈，主动表达感受和需要。

虽然我们是社会主义根正苗红的接班人，不能早恋。但我们还是请几个男生来回答一下，如果你的女朋友觉得你冷落了她向你倾诉，你会怎么做？

抽取幸运观众若干名现场模拟。

温馨提示：请小心说话 [微笑]，要不然……[微笑]（爱情的巨轮说沉就沉）

建议用疑问句来给予他人反馈，便于他们对我们的理解做出必要的补充。

学生的回答略。

小结：可以采用诸如此类的疑问句。

①针对观察的反馈：上周一哥们强拉我去打球了，没及时回你电话，你说

的是这回事吗？

②针对感受和需要的反馈：你很不开心？你希望得到重视是吗？

③针对请求的反馈：你是不是周末想让我陪你去逛街？

不建议如此发问：

①你说的什么事？

②你现在心情怎么样？为什么你会有这种感觉？

③你希望我怎么做？

虽然看起来很直接，但容易产生距离感。如果真要这么问，建议先提及我们的感受和需要，以鼓励对方更主动地表达自己。如：我很困惑，我想知道你说的是什么事？告诉我好吗？

（3）保持关注

①欣赏情景对话：

非暴力沟通工作室中的小芳与文文的母亲对话：

文文妈："不知为什么，我的孩子不论我跟他说什么，他都不听。"

小芳："听起来，您很伤心，您希望找到和孩子沟通的办法。"（体会对方感受，表达理解。）

文文妈："也许这是我的错，我总是冲他大喊大叫。"（开始探究自己的内心。）

小芳："您希望您能多体贴孩子。以前没有做到这一点，您有些内疚，是吗？"（继续体会她的感受和需要。）

文文妈："我是一个失败的母亲。"（如果她觉得得到理解的话，会更深地探究自己。）

小芳："您有些灰心，您想加深与孩子的感情联系，是吗？"（继续反馈理解。）

……

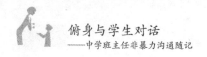
②小结：

在对话中小芳对文文妈妈保持了持续的关注，让文文妈妈充分表达了自己的感受，因而能更深入地探究自己的需要。

3.当我们痛苦得无法倾听时怎么办？

（1）主持人：

我们是人不是神，当你实在烦得不想听别人讲话时，你会怎么做？就像我们经常在心里对父母或老师说的：你说得很对，但我就是不听你的。

（2）随机抽取幸运观众若干名。（回答略）

（3）小结：

我们不能用胶带蒙住他们的嘴巴，也不能用棍子把他们敲晕，我们有以下选择。

选择一：敏锐地察觉和照顾自己的需要。体贴自己，调整状态。

如果不行，进入选择二：大声提出请求。提醒对方注意自己的痛苦和需要。

如果还不行，进入选择三：换一个环境。需要时间和空间调整。

（四）总结

如何倾听他人：

1.体会他人的感受和需要。

2.给他人反馈。

3.保持关注。

4.当我们痛苦得无法倾听时：

A.体贴自己

B.提出请求

C.换个环境

【精彩片断】

通过倾听预防潜在暴力——情景剧演绎

马同学性格暴躁，成绩不好，在学校喜欢惹是生非。某天班主任因为他上课和同桌的高同学讲小话，把他叫去办公室狠狠批评了一顿。

马同学憋着气没处发泄，认为很不公平，高同学也讲了话，老师却因为他成绩好而不予追究。因此放学后，马同学抓住正要回家的高同学，把他拉进了水房，把门反锁，恶狠狠地说：

"成绩好了不起吗？很有优越感吗？"

高同学知道，如果不妥善处理，马同学也许会和他大打出手。于是高同学运用老师上课讲过的非暴力沟通方法，开始倾听马同学的内心。

高："看来你现在很生气，老师对你说的话让你很在意。"

马："我在意又怎么了！用得着你说话？"

高："或许你在意的不是老师对你说的话，而是老师态度的差异？"

马："哼，为什么好学生就应该被包容！"

高："也许你需要的是公平的对待？"

马："……"

对话中，在高同学的引导下，马同学终于打开了内心，诉说了身为"差生"的委屈与不满，心结解除。高同学也避免了潜在的校园暴力，甚至和马同学的关系有了进一步发展。

小结：

越是专注于对方的感受和需要，就越会把对方看作因需要没有得到满足而感到绝望的人，而不是一个恶魔。

【学生感言】

今天做了一篇关于大众科普类的英文阅读，讲的是在与他人交流时需认真听别人讲什么，这样说话者才能最大限度地信任倾听者，不然就会有所保留，

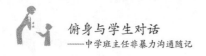
使谈话快速结束。我想，这里的谈话技巧就与"用全身心倾听"极其相似。

另外，我认为当我们需要被倾听时，很多同学只选择向同龄人诉说。因为他们认为同龄人会有相似的感受，不像和大人们的代沟那么深。其实，所选择的倾听的人不能只局限于同龄人，毕竟大人的经验远比我们丰富，我们所经历的，他们一样不落的都曾经历过，或许远比我们想的多，大人与我们之间的代沟是可以用理解与沟通来填满的。找大人作为倾听者，听取他们所提的对自己有效的建议，分享各自的体会与心得，未尝不是一件好事。

生活中难免磕磕碰碰，总会遇到大大小小的困难，就像我们总会希望有人能倾听我们心中的苦楚一样，别人也一样有这样的需要。所以我们要学会全身心去倾听他人的诉说，因为，这不仅是对他人的尊重，同样也是对自己的负责。

（杨娅）

一切都是最好的安排
——培养对自己的爱

我深信，出于对生命纯洁的爱，而不是出于恐惧、内疚、羞愧、职责或义务来选择生活，是爱惜自己的重要体现。

——卢森堡·马歇尔

【班会目的】

1. 学习换一种思维面对挫折与困难。

2. 培养对自己的爱，让爱主导我们的学习和生活。

【课前准备】

1. 情景剧准备。

2. 白纸一张。

【基本结构】

当我们表现不完美时

1. 一般情况下，我们会对自己说：

我有什么用　我一无是处　笨蛋　这种蠢事只有我干得出　我总是这样　我本应该……

从而羞愧、自责、内疚，最终导致自己无法从失误中获益。

2. 非暴力沟通的做法是：

专注于需要 → 体验忧伤 → 自我宽恕

让爱主导我们的学习和成长。

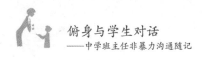
俯身与学生对话
——中学班主任非暴力沟通随记

【班会过程】

(一)导入

通过之前的学习,我们已经了解如何使用非暴力沟通来发展友谊,促进师生和谐,家庭和睦,改善学习生活。然而,非暴力沟通最重要的作用也许在于——告诉我们如何爱护自己。

即非暴力沟通让我们了解自己,了解我们自己每个行为背后的需要,从而学会真爱自己。

(二)点题

非暴力沟通告诉我们,当我们表现不完美时,也就是我们的言行没有满足自身的需要时,就会内疚自责,甚至自我憎恨,而当我们看到了行为背后的自己及自己的需要,更会自我宽恕,激发我们对自己的爱。

(三)互动交流

1.让生命之花绽放

(1)请同学们阅读PPT上的文字。

在赫布·加德纳编写的《一千个小丑》一剧中,主人公拒绝将他12岁的外甥交给儿童福利院。他郑重地说道: "我希望他准确无误地知道他是多么特殊的生命;我希望他保持清醒,并看到各种奇妙的可能;我希望他知道,一旦有机会,排除万难给世界一点触动是值得的;我还希望他知道为什么他是一个人,而不是一张椅子。"

(2)主持人提问: "他是一个人,而不是一张椅子"这句话是什么意思,讨论之后,请同学回答问题。

学生A:嗯,是的,我们是人,而不是椅子。一张椅子是没有灵魂的,任人摆布，别人想让它怎样，它就成为人们想要的那样。可一个人是有独特的生命特征的，世界是千姿百态的，每个人在社会中也是千姿百态的。

学生 B：这让我想起了一个叫清兵卫的孩子跟葫芦的故事。父亲面对喜欢葫芦的清兵卫，气得声音发抖，甚至说："这种小孩子将来不会有出息的。"于是葫芦被当场没收，清兵卫连哭也没有哭一声。后来父亲拿起锤子一个一个地砸碎葫芦，清兵卫只是脸色发青，不敢做声。

从那以后，清兵卫和葫芦就断了关系。过了不久，他又有了代替葫芦的东西，那便是绘画。正如他过去热衷于葫芦一样，现在他正热衷着绘画，可是父亲又开始唠叨……

很多同学也有类似经历。父母们以他们心中的完美儿童形象来打造我们，甚至扼杀我们的天性。

学生 C：我想说一句非常难听的话，那就是，我国主流价值观里，有一个完美的儿童形象。这个儿童形象里，最最核心的内容就是：可以愉快地接受各种可能的羞辱。最完美的儿童就是，大人希望你怎样就怎样，大人对你不需要体贴。

学生 D：我们的父母一向提倡的是"装傻"——但愿我儿愚且鲁，无灾无难到公卿……

学生 E：我们都不愿千篇一律，可我们很容易陷入模式、陷入套路，却忘了本我真我是最具有生命力的。就好像，如果你是一朵百合花，就不要去羡慕向日葵或者人人都爱的桃花，不要只看到别人的美丽而忘却了自己的芬芳。这就是让生命之花绽放。

（3）小结。

主推人 A：可是，一旦负面的自我评价使我们看不到生命的美，我们就会忘记自己是"特殊的生命"，而把自己当作一张椅子。如果我们习惯于将自己视为工具——充满各种缺陷的工具，自我憎恨就不令人奇怪了。

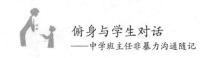

主持人B：我想给同学们分享约翰·哈瑞桑在《爱你的疾病》一书所说的话：你和我都曾经犯过错，如果我们还在惩罚自己，那惩罚将成为习惯，让我们不能释放，也不能找到积极的解决办法。如果你还在对自己说"我讨厌我的工作，讨厌我的家，讨厌我得的病，讨厌现在的友谊，讨厌这，讨厌那"，那么，就很少有美好的事物来到你身边。所以转变自我评价的方式是培养对自己的爱的一个重要方面。因此我们要学会从"镜子"中看自己，要爱自己的缺点，要接纳自己的一切。就好像一首歌中唱到的那样：

我很丑 可是我很温柔 白天黯淡 夜晚不朽 那就是我

我很丑 可是我有音乐和啤酒 有时激昂 有时低首 非常善于等候

我很丑 可是我很温柔 外表冷漠 内心狂热 那就是我

我很丑 可是我有音乐和啤酒 一点卑微 一点懦弱 可是从不退缩

……

让我们悦纳自己，让自己的生命之花绽放，开出不一样的花朵。

2. 当我们表现不完美时

（1）通常的表现。

①情景剧欣赏：（某次考试后）

王同学：我不想活了，我不想活了……（颓废地趴在桌子上）

李同学：怎么了？

王同学：这一段时间身体出状况了，总是感冒，无心学习，学习成绩也掉下去了。（痛苦地抱着头，眼里含着泪光）

李同学：没事咯，你的身体会好起来的……（温柔地拍着Q同学的背）

王同学：隔三差五感冒，难受死了，烦透了……

②欣赏之后：请同学们思考：当我们认为自己做错事后，会和自己说什么？

③小组讨论之后，总结答案。比较典型的话有："笨蛋！""这种蠢事你也干得出！""你有毛病？""你总是把事情搞得一团糟！""真自私！"

④小结：

主持人 A：我们的自责意味着，我们认为自己所做的事情是错的或不好的，我们应当为此感到痛苦。然而，我们忘了每个人都会犯错，错误不是宝贝，只有改了的错误才是真宝贝。

主持人 B：即使我们有时通过严厉的自责"得到了教训"，我们也会担心这种变化和学习的驱动力。我希望，我们的改变是出于对生命的爱，这种爱就包含了接纳不完美的自己，接纳自己生命的独特性。

（2）当我们表现不完美时，非暴力沟通的情绪处理。

①体会心中的忧伤。

非暴力沟通鼓励我们直面生命的挫折，充分体会内心的忧伤，允许引发的情感充分流淌。这样能更好地帮助我们从经历中学习，而无须责备自己。

②关注没能得到满足的需要。

如果发现我们痛骂自己："你看你，又把事情搞砸了！"我们马上就可以问："我什么样的需要没有得到满足？"一旦意识到自己尚未满足的需要——很可能是多个层面的需要，我们的身心状态就会发生明显的变化。我们不再感到羞愧、内疚和沮丧，而开始体会到别的情感。不论他们是忧愁、失望还是悲伤、恐惧，其目的都是推动我们去满足需要和追寻梦想。

③选择自我宽恕。

A.理解自己过去的所作所为。问自己："我做那件事是为了满足什么需要？"

通过聆听自己的心声，我们就能发现心灵深处的需要。此时，我们就可以原谅自己。因为感受和需要都是当下的，促使我们做出选择的，也一定是当时的感受和需要。既然是这样，就不要用道德评判来看待这事，但也不要回避责任，为错误找借口找理由。

B.把握爱惜自己的关键。爱惜自己的关键有二：一是同时包容那两个完全不同的"我"；一方面包容对过去的某种行为感到后悔的"我"，另一方面

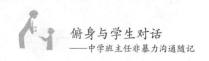

包容采取那种行为的"我"。

C. 悦纳自我。悦纳当下在后悔的"我",是悦纳我能够做得更好的需求;悦纳我在需要没有得到满足时的后悔,悦纳"后悔"的情绪;悦纳当时那样做的"我",是悦纳当时因为我有限的认知所导致的行为,悦纳不完美的自己。

④练习。

将情景剧中的通常表现改为非暴力沟通的爱自己、悦纳自己的情绪处理。

(详见精彩片断)

(三)深入了解我们行为背后的动机

1. 练习:用"选择做"代替"不得不"

第一步:在日常生活中,你觉得哪些事情没意思,却又认为自己不得不做?请将它们列在纸上。

第二步:列好清单后,向自己坦白:你做这些事情是因为你选择了做它们,而不是因为你不得不做。在你所列的这个项目前,加上"我选择做"。

第三步: 一旦承认某一行为是你的选择,就填写以下声明来了解你为什么要那么做:"我选择做_____,是因为我想要_____。"

第四步:请同学分享彼此的练习结果。

2. 深入理解我们行为的动机

(1)在思考"我选择做_____是因为我想_____"这个问题时,你会发现自己行为背后的价值取向——你在生活中看重什么。

可能的动机和目的:

A. 为了钱

B. 为了得到赞同(像钱一样,来自他人的赞同也是一种回报。受社会化的影响,我们渴望得到奖励。上学时,学校使用外在的手段来激励我们学习。在家里,做一个好男孩或好女孩,我们就会得到礼物;反之,如果大人认为我们调皮捣蛋，我们就会受罚。）

C. 为了逃避惩罚

D. 不想感到羞愧

E. 为了避免内疚

F. 为了履行职责

（2）小结：

当我们出于对生命的爱而选择做一些事情后，我们越会投入服务生命的乐趣之中——服务生命是唯一的目的。我们也就越爱自己。

（四）齐读卓别林的《当我开始真正爱自己》结束本次班会。

当我真正开始爱自己，

我才认识到，

所有的痛苦和情感的折磨，

都只是提醒我：

活着，不要违背自己的本心。

今天我明白了，这叫做"真实"。

当我开始真正爱自己，

我不再牺牲自己的自由时间，

不再去勾画什么宏伟的明天。

今天我只做有趣和快乐的事，

做自己热爱，让心欢喜的事，

用我的方式，以我的韵律。

今天我明白了，这叫做"单纯"。

当我开始真正爱自己，

我开始远离一切不健康的东西。

不论是饮食和人物，还是事情和环境，

我远离一切让我远离本真的东西。

从前我把这叫做"追求健康的自私自利"，

但今天我明白了，这是"自爱"。

【精彩片断】

非暴力沟通的爱自己、悦纳自己的情绪处理：

最近身体状况不理想，隔三差五感冒，身体的不舒服带来了心里的难过，深深体会内心的这份难受与难过。我需要身体好起来，这样才有精力学习，学习成绩才会越来越好。

那么，我要悦纳自己。我悦纳以前自己不爱惜身体，经常忽略自己，以至于伤害了自己的身体；我悦纳此时的我为自己感到难过，因为我看中健康的身体；我悦纳现在我出于爱惜身体，减少学习的时间，我要放下对自己的高要求，是因为我看到自己需要更多的休息放松。

因为悦纳，我感到前所未有的放松，我不再因为身体状况而惴惴不安，我也不再为自己感到难过，而是选择积极面对。

一切都是最好的安排，我相信我会越来越健康。

通过切身体会，我明白了：之前出于担心与恐惧，我总是责备自己，无法原谅自己，结果使自己更加消极，更不利于自己的身体健康。当我选择悦纳自己，悦纳身体上的病痛，悦纳自己的每一个行为，我会更积极地行动，更好地爱惜自己。

一个不会爱自己的人，是无法给予别人真爱的。我要学会好好爱自己，才能真爱家人，爱身边每一个人。

【学生感言】

几年前，有一部很火的电影叫做《少年派的奇幻漂流》，讲了一位叫派的少年和一只猛兽——老虎，在一艘窄窄的船上相依为命的故事，对这部电影，众说纷纭。

热度最高的一种说法是，老虎其实就是少年派的另一面，代表他的兽性，它将船上其他动物纷纷吞噬，只为求得自保。而真实的情况是，那些动物其实都是人类，是兽性一面的少年派将他们消灭，以求得自己的生存，也就是说，从头到尾，在那艘船上只有少年派一个人。

起初，派惧怕老虎的同时也十分厌恶它；也就是厌恶"兽性"的自己。后来在与老虎相处的过程中，他不断训练老虎，让它服从于自己，后来一幕是在暴风雨中，少年派抱着几乎奄奄一息的老虎，祈求着上天的宽恕。直到最后他还是爱着老虎的。他爱惜他自己，因为"兽性"也是他生命的一部分。他祈求上天的宽恕，亦是自我的宽恕，包容自我，成全自我。

这不正是一种"爱自己"的体现吗？我们生命中有太多的不如意，我们的性格中有太多潜藏的因素还尚未发掘。我们每一个人或许都是人性与兽性的结合，只不过一般情况下，人性在表面，兽性隐藏在很深的地方。没有特殊的条件很难表现出来。然而，我们爱自己就要爱自己的全部。所以，我们要学会原谅自己，宽恕自己，而不是为了一件小事就耿耿于怀，觉得天理难容，到最后甚至产生一些不好的轻视自己的念头。

我们爱惜自己，首先就要尊重自己。做事情应该是"选择做，而不是不得不"。《少年派的奇幻漂流》里，派也最终选择接受了那只长着锋利獠牙的老虎，接受了他另一面的自己，我想这大概就是爱自己的真谛罢。无论我有多么让自己不想接受，但我就是我啊。缺点可以改，优点可以加，假如连我自己都不再爱自己的话，那也别再指望别人爱我了。

（许家靓）

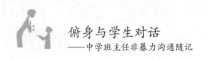

关注尚未满足的需要
——如何合理表达愤怒（生气）

任何形式的恐惧都不利于我们自我理解以及理解自己和周围一切的关系。

——克里希那穆提

【班会目的】

1. 学习在关注自己的需要中合理表达自己生气的情绪。

2. 引导学生调适情绪处理好人际关系。

【课前准备】

1. 情景剧准备。

2. 视频剪辑。

【基本结构】

表达愤怒的四步骤：

1. 停下来，呼吸，深呼吸

2. 想一想为什么生气，留意我们的指责

3. 体会我们的需要

4. 表达感受和尚未满足的需要

【班会过程】

（一）导入

亚里士多德说过，人，是唯一会笑的动物。事实上，这里的笑并不只是单单一个咧嘴的动作，而是情感的表达。生活中我们会不可避免地感受到各种各样的情绪，其中之一便是愤怒。今天班会课的主题便是围绕如何合理表达愤怒而展开的。

（二）什么是愤怒

1. 情景剧欣赏。

小马哥（天真无邪地）：康哥哥，借手机打一下电话好不好吗？

康师傅（一副总裁脸）：No problem，拿去。

（马某拿着手机进了阳台，很快，里面传出了部落冲突的砍杀声以及马某的欢呼声。）

（这时老师来了，把马某和手机都带走了。）

康某：……（此处请自由发挥，想说什么都可以。）

主持人：让我们分析一下康某的心理。

他也许在想：他怎么能这样对我！他实在是太不走运了！他真是一个大坏蛋！

他也许感到：冷，发胀，压迫，颤动，刺痛，抽动，悸动、剧痛……

他也许觉得：沉重，悲伤，震惊，绝望，恐慌……

2. 小结：

愤怒就是以上组合不断形成变化的体验。

（三）我们为什么会愤怒（生气）

小组交流讨论后，指名学生说说我们会生气（愤怒）的原因。

学生一：我生气是因为他们说我错了，我需要证明我的观点是对的。

学生二：我生气是因为他们自作主张，我需要他们按照我的标准去做事。

学生三：我生气是因为，我是对的，他们都是不对的。这个对与不对，能

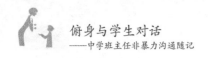
由我来决定吗？当我认为他们都是不对的时候，我只拥有半个世界。另外半个世界被我砍掉了。

……

主持人B：你把另一个世界捡回来时，你的世界就完整了，你的心情会好很多。（做出捡起什么递给学生的样子。）

（四）愤怒（生气）的几种选择

主持人A：我们生气（愤怒）时，通常会怎么做呢？

主持人B：责备自己。因自己没好好复习而考砸了就责备自己说："你这个笨蛋，你以为不复习就可以考好吗？"

主持人A：有时我们也会指责他人。"老师们都是安的什么心嘛，把考试题目出这么难。"这是考试没考好的学生对老师的迁怒。

主持人B：当我们选择第二种反应时，我们认为别人应当认错或受罚（却未认错、受罚），这基本是我们生气（愤怒）的原因。

主持人A：其实我们还可以：体会自己的感受和需要，体会他人的感受和需要。当我们体会自己和他人的感受与需要时，我们的情绪会平和很多，同时也容易找到问题解决之道。

仍以考试没考好为例，我们试着体会自己和他人的感受和需要，看看是否有不一样的情绪和心态。

小组讨论交流后指名同学说说。

学生一：考试考砸了，我会想，自己为了学习而付出的努力并没有取得相应的回报，从而直接影响我对学习的信心，自卑、气馁，唉声叹气，甚至影响到身边的同学。

学生二：考试考砸了，我首先想到的是父母失望的神情，感觉自己辜负了他们的期望，没有满足他们为我设置的目标（要求），因而感到失望。

主持人 A 小结：愤怒是尚未满足的需要，但要理解并做到这一点很不容易，愤怒会驱使我们去惩罚他人。专注于我们的感受和需要，比批判他人，更有益于我们的生活。

（五）合理的愤怒表达

主持人 A：如何合理表达生气（愤怒）呢？

1. 情境设置。

好朋友的生日到了。回到家，刚开口向爸妈请示，即遭到了无情的拒绝。

"上次月考那么点分，还提出去玩？！" "人家成绩那么好，你去给别人过生日羞不羞？" 听到这样的话，你很生气（愤怒），你把自己关进房间，拿出手机给好朋友打电话，电话内容请用"我生气是因为我需要……"句式，取代"我生气是因为他们……"的表达。

2. 学生回答。（详见精彩片断）

主持人 B 小结：具体说来，当我们愤怒的时候可采取的具体步骤：

A. 停下来，除了呼吸，什么都别做。（深呼吸）

B. 留意我们对别人的指责或别人对我们的指责。（观察我们的念头，这时候，我们是怎么想的？）

C. 体会自己的感受和需要。（我生气是因为我什么需要没得到满足呢？我的感受是什么呢？）

D. 充分表达自己愤怒。说出自己尚未满足的感受和需要。（不是洪水泛滥，而是说出自己的需要和感受）

在第三步和第四步之间，我们要首先去倾听他人，听见他人的感受和需要后，我们再表达自己的感受和需要，这时，别人才可能来倾听你。否则一个往左，一个往右，拔河一般，越说越费力。

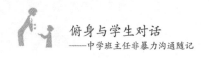

（六）巩固练习

视频：《元首的愤怒》

请大家运用非暴力沟通的知识来说说元首应怎样正确表达愤怒。

（七）小结

非暴力沟通提醒我们，在和别人交流前，不要先给对方下结论，贴标签。给别人贴标签，也是我们内心的一种暴力，而且很容易如我们所愿地发生了。比如当我们认定你撒谎，所有谈话的内容都会指向你是一个撒谎的人。这不是非暴力沟通的做法。非暴力沟通强调我们只从这件事情上去体会别人的感受和需要，倾听，然后表达我们的感受和需要，最后达成共识。因为，非暴力沟通的目的是让爱融入生活。

【精彩片断】

[如何以非暴力沟通的方式表达愤怒（生气）的情绪]

学生A："我真的好生气，是因为我爸妈没有体会我的需要。我的生活离不开朋友啊！"

学生B："我真的好生气，因为我需要在紧张的高中阶段进行合理的放松，真希望爸妈能够理解我。"

学生C："我生气，不单是因为爸妈没有允许我参加同学的生日聚会，更是因为他们对成绩的重视高过了对我身心健康的重视。"

主持人B：几位同学简直就是天使的化身。让我们掌声鼓励。是啊，当我们体会自己的感受和需要时，我们的目光就从外转向内，此时此刻，我的需要是什么呢？留意自己的心理活动，观照自己的需要，愤怒的波涛回归到大海，与平静的大海融为一体，这时候体会，我需要什么呢？这不也是爱自己的一种方式吗？愤怒的能量没有像孙悟空一样无论翻多少跟头都在佛祖的手心内，而是随着如来的佛号，平静地转化为"观"自己。

【学生感言一】

之前在上非暴力沟通班会课的时候，令我印象最深的一点就是学会观察。用客观的语言来描述我所观察到的一切。观察在我看来是件特有意思的事。特别是在与父母的交往中。每当家里开始弥漫着一股硝烟味或是战火已经燃烧时，我会一板一眼，冷静地把刚才所发生的事情和父母描述一遍，当捋顺一些事情后，有些矛盾就迎刃而解了。尽管父母心中仍有些不甘，但他们无法发作了。

可是这些"观察"都是我内心的独角戏。我费尽心思地组织语言，描述事实，实则只是为了赶快息事宁人，堵住家长的嘴而已。虽然事后我也会为我一时的机智而沾沾自喜，但是那一瞬间我内心所有的委屈愤怒，都被我自己生生压住了。

我清楚，我克制住自己，是因为我害怕我的父母，他们的愤怒比我的愤怒更能对我造成伤害。但这并不意味着我在将来与父母相处的岁月里还能如此冷静，所以，我必须学会如何充分地表达愤怒。

为什么我会生气？非暴力沟通告诉我，生气是由于责备自己或责备他人造成的。而当体会自己和他人的感受时，愤怒将会不复存在。

如果我再回到和父母对峙时的场景，除了继续观察，客观描述事实，我也可以采用一些新方法新策略了。比如，当母亲指责我没有做作业时，我可以说："你十点钟刚从外面进来，我从七点钟开始一直写到九点半，现在我感到很累，我需要休息一下，你如果是我，你会让自己放松一下吗？"

如果用以上话语和母亲大人交流，她的态度会不会从不满变为谅解呢？我不太清楚，我只知道当我写下这段回答时，我心中感到无比舒适。

这可能就是体会自己的感受带来的魅力，好似在通往城堡的荆棘丛中开辟了一条要道，直直地把我与外界相连。

（戴歆蔚）

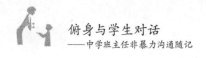
【学生感言二】

那天晚上，我洗漱完后发现奶奶还在看电视剧。我劝她去睡觉，她说等看完就去睡。我便先回房间睡觉了。睡得正香甜之际，奶奶突然推门而入，推了推我，大声地问道："有没有蚊子咬你？"在睡梦中听到这样的问话，开始我没理她，后来她又大声问我，我极不耐烦地说："我已经睡着了。"奶奶悻悻地走了，可是我却睡不着了，一看表，已是十二点多了；睡不着就眯着，辗转反侧，估计凌晨 1 点多才睡着。

第二天自然就没什么精神，打了一整天的瞌睡，极不舒服，效率又低，对奶奶也就没有好脸色。可她却不知道为什么，感到很委屈，很伤心。终于忍不住教训我，对我也没有了好脸色。

如果第二天我用非暴力沟通的方法去倾听我"愤怒"的原因，而不是指责奶奶半夜叫醒我的无心之过，体会自己在睡觉时不想被打扰的需要，那么我和奶奶之间就不会有误会和不快了。

在生气时，批评和指责别人都无法真正传达我们的心声。如果想充分表达愤怒，我就不能归咎于他人，而应把注意力放在自己的感受和需要上，与批评和指责相比，直接说出我们的需要，更可能使我们的需要得到满足。

（宋佳曦）

和平是你手里的棍子比别人粗
——运用强制力避免伤害

在非暴力冲突中，不留任何积怨，且最终敌人变成友人，这是非暴力的标志。

——圣雄·甘地

【班会目的】

1. 明确运用强制力避免伤害与惩罚的区别。

2. 指导运用强制力保护自己或他人。

【课前准备】

1. 背景音乐 *Free Loop*

2. 情景剧准备

【基本结构】

1. 惩罚的局限性：让对方产生敌意和抵触心理，使双方的关系更加疏远。

2. 运用强制力的目的：保护自己和他人，避免伤害。

3. 了解别人基于怎样的原因满足我们的愿望是至关重要的，在非暴力沟通中，我们看中每个人选择生活的自由。

【班会过程】

（一）导入

说到强制力这个词，你们会想到什么？受人惩罚，被人压迫，被人伤害……非也非也。有时运用强制力反而是避免伤害。

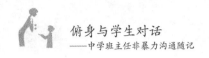

（二）运用强制力避免伤害的重要性

（注意：使用强制力避免伤害不等于惩罚！）

1. 欣赏小剧场 A

人物：Coming、小马哥、体委、Wuli 涛

（小马哥、体委、Wuli 涛刚刚打完球，回到寝室。）

Wuli 涛：小马哥，今天状态不错哦！又让他们吃了个零蛋。（羡慕地看了一眼小马哥的鞋。）

小马哥：哼！（自带王之蔑视）全靠我这双篮球鞋。（故意把鞋亮出来显摆）

体委：（娇羞地）这双鞋线条是不错，我也蛮喜欢的，如果不是太旧的话。

小马哥：哼！（得意地一笑）你看鞋面涂鸦的部分，超漂亮！

（这时对方球员 Coming 走过，极慢极慢地，然后狠狠地碾压小马哥的鞋子。）

Coming 碾过小马哥鞋子，小马哥等人一脸懵逼。随即抬头看 Coming。

小马哥（怒火中烧）：喂！！！你没长眼睛啊！

Coming：（一脸不屑）：这鞋已经过时了，找个垃圾桶扔了吧！

小马哥（鄙夷地扯扯嘴角）：切，我给你三秒钟的时间向我的鞋道！歉！（咬牙切齿地）

(Coming 走到小马哥身边，抬头死死地盯着小马哥，再一次伸脚碾压小马哥的鞋子。（摩擦摩擦，似魔鬼的步伐……）

Coming(不再盯着小马哥，一脸嘲讽）：这就是我的鞋向你的鞋道歉的方式！

小马哥"嗷"地一下奋不顾身地朝 Coming 扑过去，两人扭打在一起……

主持人 A：这是惩罚性的强制力带来伤害的情形。

小结：在使用惩罚性强制力时，我们认为某些人是邪恶的，为了让他们悔

改，必须给他们一点颜色看看。此时，我们希望痛苦能让他们：1. 意识到自己的过错；2. 感到懊悔；3. 改变行为。然而在实际生活中，惩罚往往加强了对方的敌意和抵触心理，使双方关系更加疏远。例如本剧中的小马哥和 Coming。Coming 也许是想要小马哥不要太嚣张，小马哥只想维护自己的面子，可是一旦用了惩罚性强制力时，事情就恶化了，他们的关系就疏远了。

过渡：如果是使用非暴力沟通的强制力，结果会如何呢？欣赏小剧场 B。

2. 小剧场 B

（小马哥、体委、Wuli 涛刚刚打完球，回到寝室。）

Wuli 涛：小马哥，今天状态不错哦！又让他们吃了个零蛋。（羡慕地看了一眼小马哥的鞋。）

小马哥：哼！（自带王之蔑视）全靠我这双篮球鞋。（故意把鞋亮出来显摆）

体委：（娇羞地）这双鞋线条是不错，我也蛮喜欢的，如果不是太旧的话。

小马哥：哼！（得意地一笑）你看鞋面涂鸦的部分，多漂亮！

（对方球员 Coming 走过，饶有兴趣地盯着小马哥的鞋看）

几秒钟后……

Coming（认真脸）：唉！你这鞋早过时了，找个垃圾桶扔了吧。（说着拿起小马哥的一只鞋子，扔在了寝室的垃圾桶里。）

小马哥（一脸惊慌）：你你你……Coming 你干什么！（恼羞成怒，捡起另一只鞋，欲扔向 Coming。）

体委（一把揽过小马哥的腰）：Coming 当然是跟你开玩笑啦！你看垃圾桶又不脏，他投球不中，看看自己投鞋会不会中。

（体委再三向 Coming 使眼色，Coming 无动于衷。）

Wuli 涛（从小马哥手中拿过另一只鞋，走向 Coming）：兄弟，再试试，看能否投中？

Coming（再次投中，他从垃圾桶中拿出鞋子，对小马哥微微一笑）：兄弟，

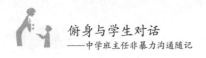

刚才开玩笑啦，别介意。

主持人 B：你或许料到了开头，却猜不到结尾的精彩。的确，面对同一件事情的争执，能否正确使用强制力，结果将是天壤之别。

小结：天下最柔弱的东西，能驾驭天下最坚硬的东西，无形的力量能进入没有空隙的东西里面。结合情景剧，我们不难发现：

A. 使用强制力避免伤害不等于惩罚。

B. 运用强制力，曲径通幽，往往能换来两全的满足与快乐。

C. 与两败俱伤大相径庭，正确运用强制力不仅避免了伤害，更是双方的互相成全。

（三）惩罚的类型

1. 惩罚的类型有哪些？

(1) 体罚：体罚是常见的惩罚方式，但争议很大。有时候我们拒绝一件对自己有益的事，只是因为不想在父母压力面前屈服。体罚能带来立竿见影的效果，但同时也潜在地鼓励了我们用暴力解决问题。

(2) 指责和否定他人也是常见的惩罚形式。

(3) 不给孩子某些好处：例如不给零花钱。这会使孩子变得冷漠。

2. 小结

我们不主张用惩罚的方式达到自己的愿望是因为：(1) 惩罚会给人带来心灵伤害；(2) 当我们为回避惩罚去做事情时，我们可能会忽视事情本身的价值，而陷入对失败的忧虑中。

（四）惩罚的局限性

1. 问自己：

如果我不喜欢他现在的行为，那我希望他怎么做？

只回答这个问题，威胁和惩罚是有效的，因为可以对他人行为造成影响。

2. 再问自己：

我希望他基于怎样的原因去做我想要他做的事情？

你会发现，对方并非情愿，而是出于害怕，因而内心充满抵触情绪甚至满怀敌意，这种情绪会让我们很有挫败感。

3. 小结：

了解别人基于什么原因满足我们的愿望是至关重要的。在非暴力沟通中，我们尊重每个人选择的自由，相信会有多种方法满足彼此的需要。

（五）巩固练习

在某档电视节目中，一名年轻选手因不满比赛结果而在现场发泄踢飞衣服，如果你是电视台的主持人，你将如何运用强制力避免伤害？（详见精彩片断）

（六）总结

使用强制力的目的是保护自己和他人避免伤害，而不是为了惩罚他人。如果我们威胁他人或实施惩罚，人们常常会产生敌意和抵触心理，彼此的关系将会疏远。同时，惩罚还可能使人忽视事情本身的意义。

【精彩片断】

（如何运用强制力避免伤害）

学生一：我选择以牙还牙，以眼还眼用愤怒予以回敬。

主持人 A：这或许不失为一种选择，但破而不立终将玉石俱碎。

学生二：不妨听之任之，等他冷静一下适当地说教一番。

主持人 B：不错，教育只是手段，成长才是目的，但不够强硬的话效果也不见得会深刻。

主持人 A：不妨让我们看看舞台大师何炅是怎样处理的？

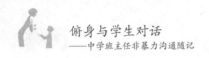

现场演绎：

学生Ａ演年轻选手，学生Ｂ演主持人何炅。

（背景：年少的选手们，各自不服，于是开始争论，各说各的，现场一片混乱。）

学生Ａ：（自视甚高、目中无人）把妹就是青春？我不服！

学生Ｂ：（板着脸沉默）

学生Ａ：（在舞台上发泄并踢飞衣服）

学生Ｂ：停！

学生Ａ：（被震慑）

学生Ｂ：我觉得你们吵吵闹闹的样子很不体面，没有从全局来想。你们太让我失望了！取消一切参赛者的升级资历。（拂袖而去）。

现场观众：一向好脾气的何炅居然会发飙，这下可有好戏看了。

学生Ａ：白与黑是时间流逝的过程，真与假是白天黑夜的结果。

学生Ｂ：我真想把我看到的白天黑夜都告诉大家，可是时间有自己的规矩，我们慢慢来，日落也总会有日出，光会照过去，我们一起迎接。

学生Ａ：何老师，对不起是我太过冲动，意气用事。

学生Ｂ：在遇到一个矛盾的时候一定要以解决问题为前提，而不是以发泄作为唯一的手段。

学生Ａ：老师讲的有道理，我定谨记于心。

现场观众：何炅的真可谓刚柔并济，恰到好处的强制力不仅化解自身的尴尬，更换来了他人的成长。

【学生感言】

惩罚是一种伤害，伤害往往伴随着痛苦。然而，当我们学会运用暴力沟通，用强制力代替惩罚，那么痛苦也会随之抹去。

通过这堂课，我真切地感受到：

首先，认识强制力，要学会冷静，学会忍耐，学会理性。

在冲动到来之前及时刹住车，仔细地想一想自己将要脱口而出的话。它们带有何种目的？有时候，思考过后的请求会比一气之下的惩罚更能表达清楚自己的需要。记得有一次我因为妹妹成绩太差，一气之下罚她在房间反省一个小时。她泪流满面地回到房间，模样很伤心。冷静下来，我忽然发现自己的行为太伤妹妹的心了！她看到成绩时已然非常伤心，又被我训斥，心中肯定更加痛苦。那么即使以后发愤地学习，我又如何能知道她是真心还是仅仅不想受到惩罚呢？惩罚她岂不会变得适得其反？也许我应该心平气和地与她交流，而非以姐姐的身份去压制，造成伤害。

其次，运用强制力，要主动，真诚，柔和地去进行交流。

只有主动地去交流，用真诚的态度和柔和的语气使他人信服自己的观点并接受自己的要求，才能拉近两人之间的关系，进而达到互相理解、信任的境界。在发现自己的错误后，我走到妹妹的房间，发现她伏在桌子上，好像睡着了。我轻轻地推她，她立刻抬起头，才发现原来真的是在"反省"。我在她身旁坐下，表达自己的歉意，同时，告诉她成绩的重要性，鼓励她继续努力学习，并且自己可以随时帮助她。最后，她破涕为笑，并主动要求我教她更正试卷上的错题。

最后，掌控强制力，要懂得随时运用并且调整自己的要求。

正如"一切从实际出发"是唯物辩证法的根本要求，我们应该根据具体实际提出的强制力，在头脑中强化运用强制力而非惩罚的意识，从而趋利避害。

（胡鸣佩）

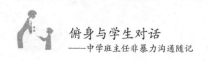
发现自己心底深处的愿望
——重获生活的热情

一旦我们发现自己心底深处的愿望，并采取积极的行动，我们将会重获生活的热情。

——马歇尔·卢森堡

【班会目的】

1. 学会在面对"失去生活热情"的困境时，如何了解内心所需，自主解决困惑，化解负面情绪，达成心灵的平和。

2. 帮助他人解决困惑时，用非暴力沟通代替诊断，关注他人的感受和需要。

【课前准备】

1.《我是证人》视频剪辑。

【基本结构】

重获生活热情的三部曲：

1. 倾听自己的内心

2. 解决内心的冲突

3. 心灵环保

【班会过程】

(一) 导入

主持人 A：面对枯燥而沉重的学习和工作，你可曾心懒意慵？面对尽心尽力的耕耘后微薄得可怜的收获，你可曾否认奋斗的可能性？面对贫瘠的现实土壤与理想的天空之城间的鸿沟，你可曾失去对梦想的相信，对生活的热情？现实生活中，我们每个人都会有对生活失去热情的时候，当这一天来临时，你会如何作为？如何应对？让我们走进今天的话题：关照心底的需要，重获生活的热情。

（二）观看视频，学习如何重获生活的热情

主持人 B：今天，我们来帮一位朋友一个忙，让跌落深渊的她重获生活的希望。这位朋友就是电影《我是证人》的路小星。在她身上发生了怎样的故事呢？

1. 观看视频一：倾听内心的声音

（1）视频一：电影的女主角路小星是一名实习警察，一次车祸让她失去了最亲爱的弟弟梁聪，而她自己也因此变成盲人，失去了当警察的资格。对弟弟的愧疚、双目失明带来的打击，让她对生活变得绝望。

主持人 A：如果你是路小星，此时的你会怎么做？请简单说一说。

（2）学生回答（略）。

（3）主持人 B：如果用非暴力沟通中的建议，可怎么做？

学生一：路小星想要走出阴霾，恢复自己的身心健康，就必须要先学会倾听自己内心的声音。

学生二：对于大多数人来说，表达和倾听自己并非易事。一般来说，我们的文化倾向于把个人需要看作是自私的、消极的、具有破坏性的。所以在这样的文化环境下，许多人关注他人胜过关注自己的内心。

学生三：但是，忽略自己的内心，会使一些负面情绪得不到及时的处理和排遣，久而久之，内心会陷入一种混乱的"亚健康"的状态，每天只觉阴云笼罩，甚至会失去对生活的热情。

（4）主持人 A 小结：因此，重获生活的热情的第一步就是倾听内心的声音。

2. 观看视频二：解决内心的冲突

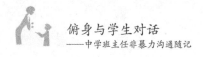

（1）视频二内容：

这是路小星与妈妈的一段争吵，焦点还是弟弟梁聪的死，出发点是路小星对自己的苛责与对母亲的不满。短片中路小星坚持把弟弟的死归咎于自己的过失，使得对弟弟的爱转变成了对自己深深的谴责，而她日日活在"害死了亲爱的弟弟"的阴影里，将自责与懊悔作为对自己的惩罚，沉溺其中消极度日。

主持人A：什么是内心的冲突呢？比如说，我们内心也许有一种声音说"我想这样做"；但又有一种声音说"不，你不应该那样做"。这样，我们就陷入了僵局。

路小星之所以沮丧，是因为一个人正处于激烈的内心冲突之中，无所适从。如果以非暴力沟通的方式解决内心的冲突，路小星该怎么做？

（2）思考讨论后归纳。

沮丧意味着，我们不了解自己的需要，以及如何满足愿望。因此，当我们感到沮丧时，我们不是要追究错在哪里，而是需要专注于我们想做的，体会自己的感受和需要，释放内心的压力。

（3）小试身手。

具体做法需要运用到在前几章非暴力沟通中总结出的"四要素"。在之前，我们常把"四要素"运用在与别人的对话中，而现在，我们要学会用它与自己沟通。

①观察：弟弟的死只是个意外，无论如何已无法挽回。

②感受：我很愧疚，也很痛苦。

③需要：我需要停止自责，从过去的悲伤中走出来。

④请求：对身边的人敞开心扉，多与乐天派的朋友接触，让他们帮助自己走出阴霾。

3.观看视频三：实现心灵的环保

（1）视频内容：

故事的最后，路小星在林冲以及身边许多好朋友的帮助下，从悲伤中走出，认识到了生命的可贵，学会了珍惜现在所拥有的一切，完成了自我救赎，也重获了对生活的热情。

（2）请学生谈观感后小结。

主持人A：如果以苛刻的态度对人，所见皆是横梁钉刺。如果以苛刻的态度对己，也只能得到一颗粗粝而脆弱的心。所以，我们要学会用"非暴力"的方式与自己沟通，了解内心所需，这样我们才能拥有一个平和的心境，实现心灵环保。

主持人B：心灵环保的重点就在于：不是去分析原因（为什么会这样），而是留心自我的需要（怎么做才能走出困境，面向未来）。

（三）对接现实，学习如何重获学习的热情

主持人A：生活毕竟不是电影，作为学生，我们面对的最多，也是最现实的一个问题就是：有时我们会对学习出现"倦怠感"，失去对学习的热情。我们如何运用非暴力沟通的四要素帮助自己走出困境呢？

1. 同学们七嘴八舌发言。（详见精彩片断）

2. 归纳小结：

（1）观察：我现在对学习有所懈怠。

（2）感受：我很迷茫。

（3）需要：因为我很看重自己有没有进步。

（4）请求：我要振作精神，调整自己的学习方法，并向同学求助。

主持人B：当外界的干扰使我们迷失了方向、失去了动力，这时我们不妨静下心来，倾听自己内心的声音，然后向着既定的目标不懈努力。

（四）总结：

1. 关注自己内心的需求，注重内心的平和。

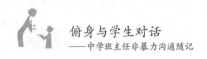
2.体会他人的感受，体会他人的需要。

3.用爱去体验一切，用热情的心书写生活。

最后希望大家不仅独善其身，也兼济天下，能够帮助他人重获生活的热情。

【精彩片断】

（我们如何运用非暴力沟通走出倦怠，重获学习的热情）

学生一：（一字一顿地）我现在有点厌倦学习，我有点担心，不管怎么努力成绩都提不上去，付出了努力怎么说都得有点效果吧。我多么希望我的成绩能够越来越好。

学生二：还不很熟练嘛，看我的。我的学习有点糟，我的心情有点坏，我也想进步想学好，只有学习学习再学习才能不断创新高。（还押韵，高！同学们热烈鼓掌！）

主持人A：（以快板的节奏）我的成绩也需要提高，让我们一起努力好不好？

主持人B：重获学习的热情，我们要不要？

同学们异口同声，要！要！当然要！

学生三：（摇头晃脑地）我的成绩一直很马虎，我都倦怠了许多年，看来这日子再也不能那样过，学霸小侃你一定要拉我一把，让我们手携手齐头并进奋勇向前。

同学们哄抬小侃，你也来说一个。

学生小侃：我也偶有倦怠的时候，想想妈妈的叮嘱、大学的召唤、自己的理想，我的热情就来了。我想，我们经常想想学习的目的、想考的大学、人生的追求，那感受可能就不一般了。

……

主持人B：谢谢，谢谢大家的分享。当我们因学习成绩不佳而情绪低落的时候，我们也许会怨天尤人，但于事无补；也许以更苛刻的态度要求自己可能也无多少助益。运用非暴力沟通，我们不再试图分析自己为什么会这样，而是用心去了解自己的感受和需要，从而积极投身于学习之中。

【学生感言一】

刚进高中的时候，面对一沓沓新书，我充满了对即将获得的知识的喜悦。那时我是那样地喜欢历史与地理，恨不得在课堂外去，吸取更多知识。那时我的目的也是很纯粹——我要学好它们，为了爱好，而非为了考试。

但慢慢地，那样的热情几乎被堆积的试卷一点点消磨殆尽，最后荡然无存。到如今，我已经无法再唤醒哪怕是一丁点儿那时的热切之情了。

听了今天的班会课，我觉得我应该重拾对学习的热情，而非把它当作一个沉重的躯壳，拖着它踽踽独行。

也许首先，我要明白学科知识在课本之外的应用。我学历史，因为它能让我领略岁月的风光，历览昔人的兴衰成败，助益自我成长；我学地理，因为它能让我用自己的心与眼去领略世界的美景；我学语文，因为它能让我用文字寻觅最本真的自我……

其次，我要敬重未知。每一个学科都有着大片未知的疆域留待我们去探寻，正因如此，学习才令人充满假想。曾有一句很著名的话——"恐惧源于未知"。但在我看来，"喜悦也源于未知"。古希腊哲学家苏格拉底曾不眠不休仰望星空整整一夜，这不也正是未知吸引他以足够的热情去做这样一件别人看起来不正常的事吗？

重拾对学习的热情，就像在一片雪原上寻找来时的脚印，那些浸润着梦与热望、承载着心与远方的脚印，会让我们蓦然发现，那簇小小的热情的火苗，又在心中明亮起来。

（王瑾妮）

【学生感言二】

作为一个心怀"诗和远方"的人，我一直苦于"苟且与当下"。

无法摆脱的例行日程，难得实现的小小愿望，渐渐涌入的琐碎与平庸，日

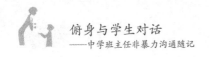

渐逼仄的时间与空间,不知所踪的妥协后的结果,往往等不到的期待的答复……

我可以清晰地观察、感受,也清楚地知道自己心之所向,却止步于内心强烈而不得的渴望,是故一直在撕扯:这不是我所向往的高中生活。这不是我所向往的生活。

今天的课堂上,我看到了路小星的撕扯:对弟弟的爱与愧疚,对自己的苛责,对母亲的不满,失明生活里的艰难行进……谁不是这样的呢?所期待的往往是有距离的事物。如果足够接近,不费吹灰之力就能得到,那么业已实现的就不叫"梦想"了。而我们渴望的,偏偏就是那些站在目前所处之地只能勉强仰望到、呼喊到声嘶力竭也听不见回音、奋力奔跑几度跌倒都触及不到的美好。蝴蝶飞过山岗需要振翅几遍?我不知道,但那也必定是段漫长的旅途。

生活整体是累人的,也不存在真正意义上的完全的"放松"与"享受",为了拥有能够挣脱束缚的翅膀,我们无法拒绝结茧,但我们可以在乏味和疲惫的结茧过程中增添一点情趣呀!毕竟,让人快乐的不只是最终的蜕变,还有挣扎破茧的过程中与一切美好的遇见。

成也好,败也好;欢乐也好,悲辛也好;好风借力也好,逆势挣扎也好……没有可以轻描淡写的经历,没有微小到可以忽略的感情,没有可以浑浑噩噩度过的时光,每一个细节都至关重要。这才是我们的生活:光明会投射下阴影,苦难也孕育出惊艳。

在窗前摆上了一个风暴瓶,通过析出晶体的形状判断明日天气的小摆饰。摆弄了好一会儿,写了张明信片,压在底座下面:

或许哪天不知名的粒子让你心烦意乱,灰蒙蒙的琐事遮蔽梦想的天空蓝,当你无意间瞥见析出的晶体像藤蔓一样生长缠绕成精致的图案,你会惊叹于生命的艰难里可以开出怎样的璀璨。你,可以开出怎样的璀璨。

(谢玉冰)

把感恩之心像斗篷一样披在身上
——学会表达感激

在每日的生活中，我们必须看到，不是幸福使我们感恩，而是感恩使我们幸福。

——阿尔伯特·克拉克

把感恩之心像斗篷一样披在身上，它会滋养你生命的每一个角落。

——鲁米

【班会目的】

1. 引导学生常怀感恩之心。

2. 指导学生学习表达感恩。

【课前准备】

每位同学准备一张小卡片

【基本结构】

非暴力沟通表达感激的内容：

1. 对方做了什么对我们有益的事情

2. 我们有哪些需要得到了满足

3. 我们的心情怎么样

【班会过程】

（一）导入

主持人A：释迦穆尼说，"无论你遇见谁，他都是你生命中该出现的人，

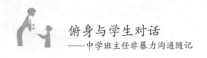
绝非偶然，他一定会教会你一些什么"。这一句话的意思是，每一个与我们生命相遇的人都值得感恩。

（二）对感激的渴望

主持人 A：我们渴望感激吗？当我们渴望感激的时候，会说些什么呢？

学生七嘴八舌，诸如："不管我多努力学习，都听不到一句表扬的话"；"今天我值日把水房弄得干干净净，也没有人感恩我"。"我那么爱她，她从来没有感激过"；"我只要犯一点小错误，马上就会有人来指责"……

主持人 B：确实，在回顾个人经历中，人们总容易想到自己做得不好的2%，而忽视了做得好的98%。对他人也是，指出问题，少于肯定和感激。

虽然人们对听到感激不自在，但绝大多数人会渴望得到他人的肯定和感激。生活中，应更留意积极的一面，并表达自己的感激之情。

主持人 A：非暴力沟通指导我们，先把自己的心捂热，再去表达爱，传递感恩。

（三）赞扬的动机

主持人 A：是不是所有的赞扬你听了都会高兴呢？

比如：某某，你真是一个好人，谢谢你，你能借我一百块钱吗？

又比如：老师，今天你真漂亮，超级漂亮。我想请你给我开张假条，让我中午外出吃个饭？

学生一：这个可不好，赞扬的动机不纯，是为了个人私利，图谋"不轨"。

学生二：如此赞扬要不得。一旦我们意识到，赞扬的目的是为了操纵我们，很可能会产生逆反心理。

主持人 B：用非暴力沟通的方式表达感激时，只是为了赞扬他人的行为提升了我们的生活品质，而不想得到任何回报。

（四）非暴力沟通如何表达感激

1. 表达感激的方式

（1）表达感激的方式包含三个部分：

①对方做了什么事情使我们的生活得到了改善。

②我们的哪些需要得到了满足。

③我们的心情怎样？

（2）练一练：

学生 A 说：小玉同学，今天上学时雨好大，谢谢你和我共伞，否则我可能淋成了落汤鸡。谢谢你。

学生 B：大冰同学，谢谢你帮我补习英语，让我这次英语考试有了很大的进步！谢谢你！

大冰回答学生 B：你这下知道我的英语有多牛了吧，要不是我，你的英语肯定不会进步这么快。

（题外话：大冰的回答令人好尴尬好尴尬！怎样接受别的感激呢？）

2. 接受别人的感激

（1）主持人 A：听到别人对自己的感激，你可能的想法或说法是什么？

学生的回答：

①我不知道自己是否真的那么好。

②担心别人对自己有所期待。

③担心哪一天做得不够好而不再有人赏识。

（2）面对别人的感激（赞扬），人们通常有三种截然不同的反应：

①自我膨胀，相信我们比别人优越。

②假谦虚，否定别人的欣赏。

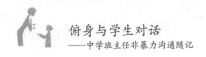

③非暴力沟通鼓励我们优雅地接受别人的感激。

（3）小结：

当别人真诚地表达对我们的感激时，我们可以与对方一起庆祝生命的美——既不自大，也不假谦虚。

（四）课堂练习：充分表达感激

1.主持人Ａ提问：这个周日就是母亲节了，让我们稍稍酝酿一下，充分表达对母亲的感激之情吧。请把感激之语写在卡片上。

2.小组内交流分享。

3.每组推荐一名同学和全班同学分享。（详见精彩片断）

（五）总结

感激是一种美好的心态，更是一种美好的境界。如果能上升到一种文化，我们能常怀感激之心，对我们身边的人或事都能虔诚地表达我们的感激，当我们被别人感激时，也能优雅地接受，这样我们就能激起情感的共鸣，共享生命的美丽！

【精彩片断】

（对母亲的感恩）

主持人Ａ：我相信每一位同学对母亲的感激之情已经汹涌澎湃，现在就让我们大声地说出来。主持人走向到学生一。

学生一：大家不要笑我啊！

主持人Ｂ：勇敢的少年请大声说出你的爱吧！

学生一：（羞涩）见您发间萧瑟，断我心中安稳，世间只此落叶归根，归宿即您心。谢谢您，妈妈！

（全班笑，叫，鼓掌）

主持人Ａ笑：谢谢学生一的分享，还有哪位男生愿意来分享的吗？

（全班怂恿学生二——体委羞涩，拒绝连连）

主持人：体委人气最高，请他来分享一下吧！

体委羞涩局促不安地站起来，声音细若蚊虫地说：啊，不要吧……

主持人大喊：来一点掌声！

（全班掌声雷动）

体委无法拒绝，声音极小：热了想吃冰淇淋是夏天，冷了要戴上围巾是冬天，不冷不热体温刚好37.5（体温是不是太高了？），是因为有您在我身边。妈妈，谢谢您！！！

主持人激动地：谢谢我们羞涩的体委。（掌声加尖叫）

学生三也没逃过主持人的魔掌，只见主持人走到了学生三的身边，听见她真诚表白：上小学的时候，说好让我自己一个人走，您却偷偷跟在我身后。谢谢您，妈妈，谢谢您的跟随与陪伴。

……

主持人：对于妈妈，千言万语，表达不了我的感激之情，我只能说，妈妈为我所做的一切我已铭记在心。"谁言寸草心，报得三春晖。"就像寸草对春晖的报答一样，我们也要以我们的进步和成长来回馈母亲，祝福母亲。祝福天下所有的母亲幸福安康。

【学生感言】

有一段时间，我们班上有一个非常有意思的现象，热衷于把"你今天好帅""你怎么这么美？""你这个学霸""还能有人比你更努力吗？"等等类似这样的话语挂在口边，甚至演变成了一种风尚常态。我也被这样称赞过，也这样称赞过别人。我不知道别人怎么想，但当我被这么称赞时，我从未有过欢喜，反而有些尴尬。感觉语带嘲讽，或是以强加对方的用功来掩饰自己的努力。

如果上述那些口头语中有出于真心的，那么将这份真心准确传达出来一定

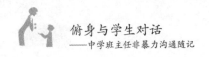
得附上事实根据或理由。如：你今天的穿着真是刷新了我对时尚的认识，给我穿衣方面提供了新参考，你今天真是美得不要不要的；小欣，你教会我做这道题真是给了我很大的帮助，你真是个学霸。当然，情感强烈时还可以加上表达自己积极情绪的话。

我们知道怎么表达感激了，有时却也不知怎么接受别人的感激。我们班有个非常有意思的词，叫"麻痹"。每当别人向你表达感激或称赞时总是开口回一句："你又麻痹我。"言下之意是"我不过如此，你才是真厉害"我觉得"麻痹"这个词真是非常形象地表达出了我们不愿接受别人的感激，谦虚或者是假谦虚的态度，但其实不必如此，我们每个人都是渴望感激的。这份渴望不仅有对得到感激的渴望，也有对给予感激的渴望，前者例如：我真的很用心在写我的感言，所以我希望得到陈老师的赞扬与感激。后者例如：陈老师看到我的感言，觉得表达是那样的真诚朴实，所写内容简直对非暴力沟通如何表达感激学到家了（自卖自夸好羞耻），内心充满感激。当然，要做到对人常怀感激，得多多关注生活中积极的一面，这样给自己也给别人带来好心情。

所以，请天使们不吝啬表达你的感激吧，不要总在你想表达感激的人面前抱着一种"我以为你知道的"的想法什么也不说。别人就算能从你的表情、行动上隐约猜到你想对他表达感激，但你不说明，终是不敢确定的，于是表达与得到感激的渴望都得不到满足，因此造成什么误会，就可能后悔终生。

（于思琪）

心得篇

你看不到自己的脸，自己的美容，
但没有别人的容颜，比你更美丽。

——鲁米

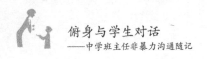

前言：静听心的呢喃

有人说

如果我们要了解春天

我们的心情得有那翩翩蝴蝶翅的情致

我们的歌声得像那婉转黄莺儿的啼鸣

我们的呼吸得有那缕缕玫瑰粉的温馨

……

我想说

我们想要认识自己

可曾一个猛子扎进心之原野

可曾轻触那如琴弦般微颤的感觉

可曾释放那如火般燃烧的热情

可曾敞亮那如约而至的悲喜

……

有人说

如果我们要了解光

我们得有与那疏林透射的斜阳共舞的日子

得有与那黄昏初现的冷月齐颤的时候

得有同那蓝天闪闪的星光合奏的岁月

……

我想说

我们想要认识我们的孩子

可曾俯下身来倾耳而听他们心的呢喃

可曾在笑靥或泪光中捕捉到他们生命的灵光

可曾让那份自性自在自为的天性尽情地舒展

……

很多时候

我们那样急切地想要照亮自己实现自我

也是那样急切地想要教育孩子成就孩子

和光同尘与春共舞

欲速则不达啊

探索之力，觉悟之心永远在路上

我们俯下身子

慢慢来

慢慢和孩子们一起寻找心灵深处的黑色羔羊

慢慢让烦恼之冰融化为智慧之水

慢慢走向阳光走向温暖走向生命的美丽

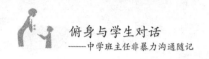

好好地爱自己

好好地爱自己，看到这个题目，也许你会在心里嘀咕，难道会有谁不爱自己，不想好好地爱自己吗？想象中似乎没有这样的人。

但事实上呢？

我们经常地表现出不爱自己，经常把不爱自己付诸行动。

我们经常责备自己。某个学生经常迟到你会不高兴，我是不是有点无能，让这个小家伙不迟到都做不到；看到学生作业错误连篇你会感到失望，怀疑自己教学水平不够，教学方法不对；如果有学生经常跟你唱反调，你更是气不打一处来，这家伙就是看我软弱欺负我……你总在拿学生的"错误"惩罚自己而不自知，自我责备，自我批评，造成身体和心灵的伤害，让自己的生活少有快乐，痛苦不堪，甚至灰心丧气自暴自弃。又或者我们常常批评学生。某个学生上课不认真你大声训斥；学生作业没完成你大发雷霆；学生考试成绩不好（平时又不认真学）你严加惩罚；结果你发现当我们用一根手指头指着学生时，我们在用四根手指头指着自己；所谓伤人七分，伤己三分啊……于是，我们越来越感觉自己在别人眼里是不可爱、不受欢迎的。否则，这个孩子怎么老是在我的课堂上迟到；那个学生怎么经常横眉冷对；还有那个桀骜不驯的家伙，一点小事就鸡蛋里挑骨头……

我们对自己的否定，就是"不爱自己"的切实行动。一旦负面的自我评价太多，我们就无法看到自己生命的美。

作为教师，我们唯有好好地爱自己，我们才能活出自我生命的色彩与光华。当然，从教师这一职业来说，爱自己还因为我们面对的是活生生的人，是活泼的孩子，若想要真正教育好孩子，就得进入孩子的内心；而要进入孩子的内心，就需要先进入自己的内在生命。因为我们只有真正了解自己、爱自己、建构与自己和谐的关系，才能够了解学生、关爱学生、与学生建构和谐的关系。

我们该如何好好地爱自己？

（一）转变对自我的评价

转变对自我的评价是爱好自己的第一步。这种转变将帮助我们不再因为任何事情而批评自己。

当我们感觉表现（处事）有点糟糕时，我们不再自责，虽然严厉的自责也会带来改变，但不具有持续驱动力；也不再深感羞愧或内疚，因为羞愧或内疚也是自我厌恶的一种表现方式，出于羞愧而采取的行动往往是不快乐的。只有出于对生命的爱的改变，才会更令人接纳和欣赏，才会更持久有力。

某一天上完课回到办公室，你无精打采的。因为今天的课堂有点沉闷，很多学生似乎处于游离状态，感觉这 40 分钟格外漫长。以往你自责，你惭愧，你可能难受一天甚至更长的时间。如果转变对自我的评价，站在生命成长的角度思考，你会摒弃自责、内疚，而尽可能从"糟糕"中获益。你会冷静地分析，是自己备课不充分，还是学情没把握好；是今天上课的情绪不饱满，还是学生太疲惫了，打不起精神……如果是自己的原因，可能是出于生命中另一个重要的需要（如孩子生病了要照顾好孩子或身体状况不够好，没能备好课等）而做出了自己不够享受的事情，它是有点糟糕，但知晓这个糟糕可以看出我们人生的局限性，并引导我们在反思中成长。这时候，你会觉得，有什么大不了的呢，这只是你在漫长的时间之流中一时无奈中做出的一个小选择，只是你在无垠的草原上不小心压弯了的一棵小草，有什么了不起！连那株草都积蓄力量挺直腰杆重新做草了，你又何必还在自责感叹伤心难过呢？

就像白天黑夜，我们爱白天的光明，也爱黑夜的宁静；就像一年四季，我

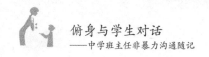

们爱春天的温暖，也爱冬日的寒冷。这样，我们就会接纳生命中的不完美，慢慢学会爱自己，在整个过程中你都能好好地爱自己，爱自己的全部。于是，你总会去思考那些令你快乐的思想，去做那些让你感觉良好的事情。去想想以往认为不好的人和事中的价值和意义，如此，我们的内心会更多尊重、理解、欣赏、感激和慈悲。我们要好好疼爱自己，照顾好自己。

鲁米说，昨天的我聪明，想去改变这个世界。今天的我智慧，正在改变我自己。当我们学习仁爱与慈悲时，我们自己是最先的受益者。

（二）汲取当下的力量

很多时候，我们之所以对自己有太多苛责与批评，不是我们地位卑微，不是我们受到环境的支配，而是我们害怕，害怕过去的不幸会重演，害怕未来事情发展不顺，害怕评说和惩罚，害怕内疚和羞愧，害怕明天不够好。我们相信了社会的标准、他人的观念、自己的看法，于是活在了对过去的后悔和对未来的担心里。

卓别林 70 岁写有一首诗《当我真正开始爱自己》，其中有这样一段话：

> "当我开始真正爱自己，
>
> 我不再继续沉溺于过去，
>
> 也不再为明天而忧虑，
>
> 现在我只活在一切正在发生的当下，
>
> 今天，我活在此时此地，
>
> 如此日复一日。这就叫'完美'。"

如果我们对过去没有批判，就能理解尽管过去的选择不是很理想，但也是为了实现自己内心的渴望。这样，我们就能包容对过去某种行为感到后悔的

"我"，也能包容采取那种行为的"我"。理解它们所反映的自己的需要和价值观，我们就会接受这个不完美的我，活在对自己深深的爱意而非愧疚之中。

如果我们对未来没有什么担忧，知晓未来只是一个无意义的时间概念，知晓许多的不安、焦虑、压力、忧愁等都是由太多的想象中的未来造成的，就不会人在这里，心在那里；人在现在，心在未来，而作一些无妄的臆想，滋生无端的困扰。

当下才是自由之钥。打破否认当下、抵抗当下的旧模式，以当下作为注意力的焦点，关注当下，活在当下，向当下臣服，汲取当下的力量，我们才能找到真正的快乐，拥抱幸福的自我。

从当下汲取力量，如果当下是一个美的所在，自是可以乐享其美，内心会得到满满的滋润；如果你发现此时此地使你不快乐，让你忍无可忍，埃克哈特·托利在《当下的力量》一书中告诉你，你有三个抉择，从情境中离开，改变它，或者完全接受它。如果你想爱好自己，你必须三选一，而且你必须当下选择。

如果你采取行动——离开或改变你的情境——可能的话，先丢掉你的负面情感。由洞察情境而采取的行动，比受负面情感驱动而采取的行动更有效。前者更多主动成分，后者则是逼不得已，两者的情感支撑和力量源泉相差甚远。如果你对改变现状无能为力，你又无法离开它，那么请放下所有的内在抗拒，彻底接受此时此地，向当下臣服。臣服不是软弱，它蕴含着极大的力量。它帮助我们放下所有抗拒。因为这时的抗拒，一方面会消耗我们本已所剩无几的能量；另一方面，也会切断你和自己、和他人、和周遭世界的联系，陷入更大的孤独与恐惧之中，看不到希望与光明。而在臣服的状态里，我们则完全可能将内在认知和外部现实调整到合一的状态，然后付诸努力。

当你尊重当下的时候，你会看到，所有的不快乐和挣扎都将瓦解，生命开始流动着喜悦和温暖。当你的行动出于当下的觉知时，不管你做什么，都会注入一分爱意与希望。

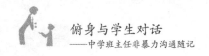
（三）使生活富于选择

我们的不快与不爱，还常常是因为我们自觉地把"应该""必须""不得不"当作了口头禅。它意味着我们别无选择，它使我们无奈和沮丧。同时，又心有不甘，不愿屈服。"必须""不得不"等容易教训和强迫我们，一旦我们顺从这些命令，这些命令就会引爆自己的不良感受和情绪，引发我们的抱怨或内疚，使生活失去很多乐趣。在受逼迫的状态下，我们会感到无可奈何，我们不再是生活的主人，而是沦为了机器。很多时候，我们每个人的"必须"清单可能很长，面对长长的清单我们会觉得困顿如茧，举步维艰。

如果我们致力于满足他人及自己健康成长的需要，思考每一个行为背后的需要和价值观时，我们会发现其实每一件事的背后我们都可以有许多选择，当我们使生活富于选择后，就会发现，生活再怎么艰难，也不乏快乐与情趣。我们越是投入到服务生命的乐趣中，我们就越爱自己！

班主任每一天早上要到班，很多班主任觉得不能睡到自然醒，学校要求如此，班主任就不得不早早地到班。现在我们视早早到班是我们的选择。于是对自己说，不是必须，也不是不得不，而是自我的选择。当把"必须""不得不"在脑海中去掉后，也就去除了"不得不""必须""应该"中可能有的很多的痛苦和哀伤。一旦承认某一行为是你的选择，你会明了你做这样的选择的背后的需要。如我选择早早地到班，是因为我想学生能够尽早地进入学习状态；我选择早早地到班，除了可以督促学生好好地学习，我也可以和学生一起享受阅读……这样一想，我们会发现早到并不是没有价值，因为自己的早到，学生能更早进入学习状态，学习的效果也会更好。看到他们的学习状态好，学习效果佳，我也开心快乐。这样，既达到了学校的要求，也帮助了学生，还使自己享受了阅读，何乐而不为呢？当然，如果某一天，我身体不适，很需要休息，我能否直接向学校表达呢？学校领导会同意吗？孩子们可以体贴到我吗？类似的经验很多次证明，领导一般会同意，孩子也是有能力体贴到我们的。当然，即使孩子那个时刻不具备体贴我们的能力，通过提醒自己专注当下的感受和需要，我们永远是有选择的：我们可以选择换一节课，选择请同事代一天班，选择和孩子好好沟通，让他们体贴到老师的需要等等。

生活是富有选择的，我们不是必须要以某种方式活着。你可能并不喜欢你的某些选择，但并不表示你是被逼无奈的。当我们把它视为我们的选择时，我们就向生活推开了一扇新的窗，自由的空气就在我们的周身流淌。

最后，我想以鲁米的一首小诗《你很美》作为结尾：

> "你以为你是在门上的锁，
>
> 可你却是打开门的钥匙，
>
> 糟糕的是，你想成为别人。
>
> 你看不到自己的脸，自己的美容，
>
> 但没有别人的容颜，比你更美丽。"

好好地爱自己，你会发现，你很美，没有别人的容颜，比你更美丽。

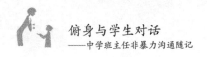

爱你的学生，如同爱你自己

爱——这是中文繁体的爱字。这个字道出了爱孩子的奥秘。爱字由两部分组成，最上面的部分是一只手托盘，盘子里有一颗心。下面的部分是一只手接住有爱的盘子。只有当别人愿意用他（她）的手接住奉上的心时，才是爱。

孩子们希望我们给予怎样的爱与关怀？我们怎样才能让孩子接住我们奉上的心？如果爱尔兰作家罗伊·克里夫特的诗作《爱》可以作为孩子们爱的表白，那么，从中选取三个小节来阅读与理解，我们一定可以从中领略"我们该如何爱"的奥秘。

（一）

"我爱你，

不光因为你的样子，

还因为，

和你在一起时，

我的样子。"

我们慈爱，我们亲切，甚至我们严厉，只要我们的心里盛满了爱，学生就会爱我们充满爱的样子；但学生更在乎的是，和我们在一起时，他（她）自己的模样。

请看这样几个片断。

片断一：

这是某位学生的一则日记。

"快要考试了，我们早自习，不可以深情朗读美文了，我们都得复习会出默写题的课文，可是我都读了 N 遍，我都不想读了；快要考试了，我们的体育课没了，都得在教室里做作业；快要考试了，作业像大山一般压过来，不到半夜 12 点你休想上床睡觉……每每想到这些，我是充斥着愤怒的皮球，我担心哪一天我的愤怒会喷薄而出。"

——我们在爱孩子吗？虽然学习是学生的主要任务，但当生活被挤兑到只剩下学习这唯一任务时，当我们的眼里只有考试分数，不再关心孩子是否健康快乐时，和我们在一起的已不再是孩子，而是工具。

孩子的期待是，不要把我们当工具，把我们当孩子就好，我们还只是孩子，让我们在您面前拥有孩子的模样就好。

片断二：

"期终总结，今天的班会课先是颁奖大会，而后是批评大会。老师对班上前三名的学生说，你们是我们班的精英，是我的骄傲，我为你们自豪。老师对单科王罗胖说，罗胖，你的语文成绩棒极了，老师很爱你。然后老师表扬了整天屁颠屁颠忙前忙后的语文课代表，表扬了总是在她面前讲好话而在背后总说她坏话的珂……批评了上课时常扮鬼脸的亮，读书结结巴巴的宇，还有，自然是不会放过成绩总是垫底的豪……一学年过去了，老师一定不知道班上还有一个成绩平平内向胆小的我。"

——心理学家罗杰斯提出了"无条件的爱"的观点。对老师而言，我们只有对学生"无条件的爱"，才能成就每一个独一无二的个体。然而，在现实生活中，老师的爱常常是有等差，是有条件的。这种有条件的爱，从某个层面看来，我们是在鼓动学生迎合老师，一事当前，先去猜测老师怎么想，然后再考虑自己怎么做。这样，真正独立、自由、充满个性的大写的人会在哪里呢？

片断三：

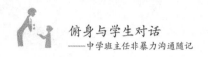
　　"请帮助我，让我了解如何面对那些不尊重自己，也不尊重别人的学生。这一周，有一个学生整节课都在睡觉，稍后，我发现前一晚他被殴打，但我被厉声告知不要多管闲事。唉……在这种情况下，我能做什么呢？我只知道可以给他微笑和拥抱。并且关爱他。"

　　这是明子的老师的日记内容，被明子偷偷地拍了下来。明子将拍下的这段文字看了又看，读了又读，他不止一次地在心里说："回家，我是绷紧心弦的孩子；在别的课上，我是伪装的好学生；在老师您的课上，我才是自在的、温暖的、心存依恋的真实的人。您还在求助于别人来帮助你，以让您能帮助到我，其实，您不知道，您已经帮了我许多，至少让我对这个世界仍满怀希望。"

　　——当和你在一起时，孩子是轻松的，真实的，温暖的，依恋的，充满希望的，我们的爱就满足了孩子的需要，我们的爱就给到了孩子。

　　不论孩子是可爱的，还是淘气的；是听话的，还是捣蛋的，让他们按照他们本然的模样学习生活，让他们拥有安全感，让他们在我们面前以人的形象出现，让他们活出本我与野性，保持自己的个性、独立与自由，这是对他们的最好的爱。

（二）

"我爱你，

因为你穿越我心灵的旷野，

如同阳光穿透水晶般容易，

我的傻气，

我的弱点，

在你的目光里几乎不存在。"

　　孩子很多时候都是知道自己的那些所谓的傻气，所谓的弱点的。如果我们忽视孩子的傻气，孩子的弱点，孩子的不是，孩子也许更能感受到爱的光照，更能健康地成长。

2015 年夏天我在北京大学参加培训的时候，一位教授给我们看了一位小学三年级孩子写的一则游记：

中山陵游记

星期天，我们去中山陵了。中山陵上有三个孙中山，后面一个是站着的，再到里面，看见一个是躺着的。三个孙中山的脸都不一样，不知道为什么？我玩了一会儿，觉得没劲，后来小了一泡便，就回家了。

教授问，面对这样一篇游记，你会写下点什么？教授说，如果你们盯着那一泡便，就可能写：这是什么游记？烂文章一篇，无主题，无内容，无文采，如此"三无"文章，亏你好意思交上来，重写。如果你们看到了"三个孙中山的脸都不一样，不知为什么"，你们可能会写：孩子，你有着与众不同的独特眼光和思维，你能发现三个不一样的孙中山，他们的脸都不一样。你会鼓励孩子：你看到了别的同学司空见惯却视而不见的内容，老师非常欣赏你的这份质疑精神。你的质疑引发了老师的好奇，能否再游中山陵，去弄清楚原因呢？老师相信你一定可以给自己一个满意的答案。前者，则可能让孩子倍受打击，从此失去写作的兴趣；后者，则更有可能让孩子阳光灿烂，带着强烈的好奇心去探究事物的奥秘，收获人生的真谛。孩子向左还是向右，很多时候就在于我们老师对孩子的傻气、孩子的弱点的态度。

受着这样的观念和故事的启发，我们会更好地处理一些事情。对课堂上不守纪律的学生，也许我们不再恼火，而能站在学生的角度，去思考那些我们所认为的"不对"其实都可能有其正当的理由。孩子不举手就大声嚷嚷，可能只是想告诉老师和同学，他知道这个答案，他担心举手老师看不到才嚷嚷；孩子喜欢哗众取宠，可能是想提醒老师和同学关注他的存在；孩子有时坐得东倒西

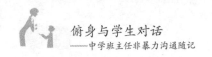

歪，可能是那样坐着对他来说比较舒服。如果我们相信每一棵树有每一棵树的姿势，每一朵花有每一朵花的芬芳，我们就不会在意树上的一片枯叶，花上的一个斑点。

有一次，面对一位经常不交作业，上课也不太认真听课的孩子，我刻意无视他的"问题"，努力寻找孩子的优点和长处，寻找他表现得比较好的那些特别时刻，对孩子说：

"你坐在靠近讲台的位置时，你会认真很多，那模样很可爱；我也发现，在上课后的十分钟之内，你的注意力会非常集中，有一次老师表扬了你，你笑开了花，那天的作业也做得很好。"我把他那天的作业拿给他看，"你都难以相信自己可以写出这么漂亮的作业吧。还有，这次考试前，我们有两节自习课，老师也看到你在认真复习……"

后来的事实证明，这样的交流是可喜的。有一天孩子的妈妈告诉我：孩子回家后告诉我，老师细数了他的很多优点，有些他自己都没有注意到，他说，老师选择性地遗忘了他的缺点。他其实非常清楚自己的一些小毛病，发誓一定要改正缺点。听了孩子妈妈的话，我很高兴孩子能发现我选择性地遗忘以及自己想要改正缺点的决心。

在蔡康永的《说话之道》中有这样一段文字："我从小就有很多自以为是的荒谬想法，很幸运地多半被包容了，如果当时都一一惨遭戳破，一定会在我心里留下很多阴影。他们留了台阶给我，给了我一点余地，在事后去检讨自己有多蠢、多幼稚。我希望我也能学着把这些台阶搬给别人用。"

作为过来人，回忆小时候的错误与荒谬，确实是很高兴老师既看不见也听不到，但长大后我们都一一明白了。如果当时这样那样的问题都被一一指出来，那将是一个怎样的千疮百孔的小人儿呀。更重要的是，我们所给的台阶，多年后，那个长大了的孩子会懂得如何把台阶给别人用呢。

有人说，中国教育的最大问题之一就是我们一天到晚盯着学生的错误。关于这，教育家陶行知就提醒过我们：你这糊涂的先生！你的墨水笔下有冤魂！你说瓦特庸，你说牛顿笨，你说像个鸡蛋坏了的爱迪生。若信你的话，哪儿来火轮？哪儿来电灯？哪儿来微积分？你这糊涂的先生！你的教鞭下有瓦特，你的冷眼中有牛顿，你的讥笑中有爱迪生。你别忙着把他们赶跑。你可要等到：坐火轮，点电灯，学微积分，才认他们是你当年的学生？

哪个孩子不犯错误呢？孩子天生有犯错误的权利，我们需要做的是，对学生要宽容，有爱有关怀，用那颗仁慈的心，为孩子留下台阶，让他们自个儿一级一级地上。

（三）

"我爱你，

不光因为你为我而做的事，

还因为，

为了你，

我能做成的事。"

教育家诺丁斯说，很多教师认为自己关怀了学生，但事实上，这种关怀是否真正实现真的很难说。她认为，实现真正的关怀，必须是"当关怀者 A 和被关怀者 B 形成了关怀关系"，"当而且仅当下面的条件发生的时候才可能发生真实的关怀"。诺丁斯指出关怀的逻辑是：

1. A 关怀 B，被关怀者 B 的需要是关怀者 A 所有关怀行为产生的前提。

2. A 注意到 B 的麻烦及需要后给予了某种程度的帮助；

3. B 承认 A 的关怀，并接受了这种关怀。

诺丁斯的这种关怀理念，回答了"我爱你，因为你为我而做的事"，但没有回答，"还因为，为了你，我能做成的事"。爱和关怀的升级版是："为了你，

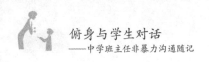

我能做成的事"。

举两个例子：

一个是听来的故事。发生在青竹湖湘一外国语学校。

开学不久，一天早上，武建谋校长照例站在校门口迎候学生，一个女孩子匆匆塞给他一封信。自制的信封，工整的字迹。递信的女孩名叫葛菲，初三学生。她说，她所乘坐的那台校车，有块玻璃破了，虽然用透明胶胶上了，依然有安全隐患。并且，这台车的车顶还有点漏雨，孩子特意在信中画了一幅撑伞坐车的漫画。

看完信，武校长当即向这个学生表达了感谢，并打电话联系了校车安全负责人，要求立即解决学生提出的问题。也许我们觉得武校长不是一般的校长，能把学生的反映放在心上，迅速解决还当面致谢；而我也当然认为武校长是一位很不简单的校长，但我认为更不简单的是这个叫葛菲的学生，她在感受到学校给她爱的同时，也在学着付出自己的爱。在切实践行"把每一个学生放在心上"的校训，"为了你，我做成了我能做成的事"，这是爱的回报与升华。

一个是发生在学生阿华身上的故事，这是她的一篇文章《做更好的自己》中的片段：

更让我庆幸与感动的是她对我的特别的关心与帮助。

不知从什么时候开始，我养成了做事拖拉的习惯。初中时老师布置的作业往往无法在学校完成，只好带回家来做，到了家里效率又更加低下，常常要做到晚上 12 点多。睡觉时间短，第二天就没有精神，效率再次下降……陷入恶性循环。

这个习惯直到被陈老师知道后才有了改变。有一天陈老师就同学们的作息时间安排情况作问卷调查，我如实填写，她找我深入了解情况后，说这一陋习太影响身心健康了，要帮助我彻底改掉。已经是多年的陋习了，之前的老师努力过，我的爸爸妈妈更是想尽千方百计都没能帮我扭转，我抱着试试看的态度答应了。她于是和我约法三章：

1. 白天见缝插针利用好时间，列出具体任务和详细时间安排表。

2. 睡觉前填写安排表，比较今天比昨天的好。

3. 哪怕作业没有做完，每天 11 点前睡觉，发短信向老师"汇报"。

为落到实处，她安排我的同桌提醒督促我，隔三差五检查我的效率是否有所提高，特别是每天晚上坚持互道晚安，让我完全不敢懈怠。

……

二十天多的时间，我每天在道完晚安后睡觉，终于，我的恶习得到了很大的改善，学习效率也有了很大的提高。

更重要的是，因为这二十多天里这份特别的关心与温暖，我暗下决心，为了你，我要成为我心目中最理想的模样，做更好的自己。

成为自己心目中最理想的模样，做更好的自己，就是"为了你，我能做成的事"吧。

有句斯瓦希里谚语云：我们能够给予别人最好的礼物不是与他们分享自己的财富，而是让他们发现自己的财富。

我们关爱孩子的理想境界就是唤醒孩子心中最真最善最美的那部分，让他做成他想做成、他能做成的事。

（四）

综合以上三个层面，我们从孩子"爱的表白"中了解到了我们该如何爱。《圣经》中说"爱你的邻居，如同爱你自己"。因为当我们不能接纳别人时，就是对自己的不接纳。我们责备的每一个人，都反映出我们对自我的某部分的不满。

有这样一个故事：

有个老头发现老伴越来越少跟自己聊天了，担心老伴年纪大、耳朵聋了。

有一次老头从外面回来，他大声地喊："我回来了！"老伴没有回应他。

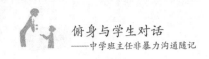

他走到客厅，又更大声喊："我回来了！"结果老伴还是没有回应。他走到厨房，对着老伴的耳朵大喊："你聋了吗！"老伴转过脸来，对着老头大吼："聋的是你！从你开门进来，我已经大声应你两次啦！"

老头想老伴聋了，可是从老伴嘴里说出的是，聋的是你。可能是老头自己听不见了，却一心以为是老伴听不见。

张德芬说，亲爱的，外面没有别人，只有自己。所有我们认为别人表现不够好的部分，往往是我们自己的问题。

当我们就某事对学生讲了三五遍，对方却似乎怎么也听不明白的时候，我们最好冷静下来，想一下以对方的智商，是否真的会听不明白，还是其实不明白状况的是我们自己？

当我们指出学生这里错了，那里也不对，学生却总是三天两头犯错，不知悔改时，我们是不是也可以反躬自问，到底是学生做得不够好，还是我们过分以自我为中心，师心自用、固执己见；

当我们面对确因这样那样的原因而犯了错的孩子时，我们是不直接点破孩子的无知或错误，还是得理不饶人地不知进退，拒绝宽容呢？

我们需要反思，需要包容，需要接纳学生。包容与接纳并不意味着同意学生的做法或放弃我们的原则。而是不带评论地接受学生本来的模样，即使其中有令人不愉快的内容。

我们需要认清每次的问题、意外、创伤等，都是我们制造出的现实的一部分。因此我们要能百分百地接纳它，爱惜它。只有在自己无条件地接纳学生以及每种处境时，我们才算接纳了自己，爱好了自己。

因此，我们时时需要考虑的一个问题是：如何在不伤害学生的情况下，处理好这件事？

爱你的学生，如同爱你自己。

关注需要，促进生命健康成长

需要是非暴力沟通的四要素之一。非暴力沟通所认为的需要，是指能够在身体上、情感上、心理上、社交上以及精神上给我们支持的东西，是有助于生命健康成长的要素。

（一）

非暴力沟通关于需要的观点是，不管谁做什么，都是在满足自己一种或多种需要。作为老师，我们是否有这种察觉，学生的言行举止背后，都是在满足着他们一种或多种需要：看到孩子在睡觉，你可知道，他们在长时间的学习玩耍后需要休息，他们正在满足自己的这个需要；看到一个学生全神贯注地学习，我们可知道，这孩子正在满足自己学习的需要；如果一个学生下课时给同学讲笑话，他可能想要满足自己与别人开玩笑、放松心情或者缓解压力与痛苦的需要；如果学生到办公室来找你，告诉你他所处的困境，你会不会了解到，他很可能正在满足寻求理解和支持的需要……

我们大多数老师不习惯从需要的角度考虑问题。特别是在我们难过、伤心、委屈、生气的时候，我们往往不会去想是自己的什么需要没有得到满足，而更多的是责备学生，认为是学生的不是导致了我们自己的感受，也许从没有想过是自己的需要没有得到满足导致了自己的情绪。非暴力沟通强调关注需要，当自己有不快或不满等情绪时，首先要问自己怎样的需要和期待没有得到满足，而不是从学生身上找原因。

有老师可能会反驳，可是学生上课睡觉，作业不做，时不时还旷课，这不

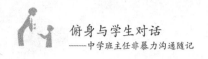
令人生气令人头疼吗？我想说的是，不管学生怎么做，重要的是你怎样做，而不是学生。

学生或不做作业，或不听课，或情绪化，或撒谎，或一问三不知……一个班少说三四十人，多则六七十人，今天这个孩子有点情况不想听课，明天那个孩子闹点情绪不想做作业，这不是一个班正常的状况吗？你难过委屈生气甚至义愤填膺，你认为学生在胡搅，于是你就蛮缠，你大为光火与之大干一仗甚至请来家长，结果又如何呢？如果你说希望每个孩子每天都乖巧听话，服服帖帖，那可能吗？如果你说你班的孩子就是这样的，我想说那很可能是假象，徒然地自欺而已。

既然孩子不可能每天都乖巧听话，那么，我们就静下心来，以孩子的需要为出发点加以思考，你会了解到：孩子没按时完成作业很可能是在本该做作业的时间里，他在满足自己玩耍、放松的需要；我们可以选择暂时地满足他的需要，择时再与他交流，也可以选择当下与他沟通，及时了解背后的原因；你会明白，孩子撒谎，很可能在你面前他有点害怕，他想保护自己，你认为他在欺骗你从而怒发冲冠还是平心静气接受他对自己的保护，不拆穿他的谎言，主动权在你手上；你也会理解，孩子一问三不知，他不回应你的问询，很可能是他的某个需要没有得到满足而迁怒于你，他的不回应就是一种特别的回应，你可以选择当下你要不要对他有"如何回应你"的期待……

总之，对你来说，你才是自己整个世界的国王，学生不过是来到你的世界的使者。你既不委屈自己来讨好学生，也不牺牲自己来满足学生，你先照顾好自己，当你选择为学生做点什么的时候，你能接受不管他怎样都要帮助他，你就去做；如果只是为了制服他，让他听你的话，你才去做才会高兴，若不听你的你就失落就生气，你就不做。

（二）

然而，更多的时候，我们既想要做自己的君王，也想善待所有的使节，满足彼此的需要，共同成长进步，这样，可以吗？

可以的。

首先，师生之间有许多共通的需要。我们都有共同的基本的生存需要，如对空气、水、食物的需要，休息与安全的需要；除此，我们也都需要爱、学习、朋友、乐趣等。即使我们和学生的习惯、价值观、生活方式等存在很大的差异，我们甚至不理解不同意学生的一些做法，我们也可能理解他们的动机。如学生考试时左顾右盼，我们当然不同意不主张学生舞弊，但我们能理解这个学生想要有个可观分数的动机。

其次，我们都乐善好施，有自我实现的需要。我们乐意为学生答疑解难，帮助学生，关怀学生；学生也乐意为同学服务，给老师关心……这些给予和帮助，是自然流露的愿望，是自觉采取的行动，并且有着自然而得的幸福快乐。我们每个人都不是一座孤岛，我们与世界紧密相连。

更重要的是，不论是学生还是老师，每个人都有一个宝藏，有许多东西可以分享。知识丰富者可以传授知识，才华出众者可以奉献才华，幽默风趣者可以带来笑声……即使不考虑这些，至少我们有时间有精力。哪怕只是奉献我们的时间陪学生（老师）在校园里走走也是给予对方的一份礼物。

（三）

有了以上条件，我们又如何满足彼此的需要呢？

1. 体会感受，明白需要。

感受是需要是否得到满足的有效信号。如果我们关注自己的感受，聆听感受所传达的信息，我们就会得到如何满足自己需要的重要线索；如果我们关注

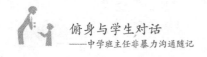
学生的感受，了解感受背后的信息，我们就会知道他们重视什么，需要什么。一旦我们聚焦于需要，而不是自责或指责对方，就有可能找到办法来满足双方的需要。

如，某学生在你的课堂上总是打盹，一副十分困顿的模样。此时，你有点难过，如果你忽略或压抑自己的感受，一味寻找自己或学生的不是，自责自己的课上得不好，或是指责学生不认真听课，你越想越气，结果你不能理解学生，学生对你的生气也很反感，事情得不到解决，师生关系反而可能蒙上了阴影。如果此时你注意体会自己和学生的感受：我有点难过，因为我需要学生的尊重；学生打盹，是要满足他睡眠的需要吗？这样的设想，能帮助你从给学生贴标签（不尊重老师）转为理解他行为背后的需要。于是你去问他，为什么这么困，他可能会告诉你晚上没睡好觉，上课有点撑不住。再深入交流，你可能进一步了解到他刚添了一个小妹妹，夜里哭闹，吵得他睡不好觉。这样一来，你不再难过；学生也因为你没责备他反而能体贴到他而倍感温暖。

2. 正视矛盾，关注需要。

非暴力沟通认为，需要从来不会互相冲突。但是，当我们认为只有一种方法或只有某个人可以满足我们的需要时，就会产生矛盾；如果选择一个办法满足某个需要意味着另外一些重要的需要——不管是你的还是我的——就不能满足，矛盾也会产生。如，老师正在辅导学生写作业，这时有一个突发事情需要处理，老师必须离开10分钟，老师让这个学生在这10分钟里写作业，可是这个孩子觉得没有老师的帮助自己不会做，他想要放松一下等老师来。老师如果认为只有一种方法即学生做作业才能够满足自己的需要，就会不断说服学生甚至要挟学生写作业，而学生则可能反抗、生气。

如果老师能正视双方的矛盾，在考虑自己的需要的同时也考虑学生的需要，老师就会思考更多可行的办法。如让学生休息五分钟放松放松后，再安安静静地写作业；或让学生选择先把会做的作业做完再放松放松，（如果有条件）或者让这个学生和几个同学一起讨论作业……这样一来，矛盾得以解决，既满足了老师的需要，也满足了学生的需要。

3. 探索方法，满足需要。

非暴力沟通认为，我们生活在一个丰富多彩的世界里，我们的每一个需要都有很多种方法可以满足。一旦我们意识到自己有某个需要，就可能想到很多不同的办法来满足它。当我们知道有多种办法后，我们就会选择令彼此都满意的方法。

一次高三全真模拟考试前，我们班需要打扫两个教室的卫生（两个教室不在同一栋楼），并且学校要求两个教室打扫完后得分别安排一个学生在教室里等候检查。可学生等了很久，迟迟没人来检查。A 教室留下来的学生是走读生，他得早些回家吃饭才能赶上晚自习，如何既满足学校又满足这个孩子的需要呢？我们想到了让这个学生等学校检查完后再走，晚自习迟到了跟值班老师说清楚原因就是了；还有没有更好的办法呢？留在 B 教室的学生说他可以看两个教室，学校去检查 A 教室时他就去 A 教室。我们想想，也可以，只是两个教室相距太远，得事先知道检查的老师先检查哪一栋楼的教室；这时，有一个女生说，他妈妈等下会送饭过来，他可以代替这个学生守在 A 教室。这样，既有学生留在教室等学校检查，又满足了走读的学生按时回家吃饭的需要，同时也让这个女生在等妈妈送饭过来的同时帮助到了老师和同学，皆大欢喜。

如果我们全心全意地想把一件事情做好，我们总能想到许多办法并选择最佳方法来满足彼此的需要。

（四）

特别需要提醒的是，我们老师很容易把自己定义为权威，希望学生听我们的话，觉得学生应该按老师的意旨行事。但是很多时候适得其反。只要我们的目的是让学生按照我们的要求行事，他们很可能会抗拒。因为，让他们做我们

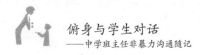

想要他做的事（如果不是他自己想要的）——威胁到了他的自主权，没能满足他们渴望尊重的需要。

我们虽然通过强迫或惩罚，有时的确让孩子做了我们想要他们做的事。但是孩子只是出于不想受到惩罚，而不是为了老师、自己乐意去做力所能及的事情，孩子即使做了事，也没有获得快乐，习得关爱，反而促成了内心的不满与怨恨，不利于孩子的健康成长。所以，我们要创造使师生双方的需要都得到满足的必不可少的优质联系。我们要有意识地不勉强学生做我们想要的事，而且尊重学生，能认识到学生的需要也非常重要。让学生基于对老师的尊重、信任和关心而选择去做某事，而不是出于对惩罚的恐惧被迫去做。

为此，摒弃用对错好坏等道德评判的语言，使用基于需要的语言就来得非常重要。如果学生在打扫教室后桌椅没摆放整齐就准备离开，我们不必用"你做事太虎头蛇尾了，桌椅乱七八糟的"这样评判性的话语，而是"我希望打扫后的教室是干净而整洁的，请将桌椅摆整齐后再离开，好吗？"表达自己需要的语言，孩子更能够理解和接受；如果孩子确有重要的事得先离开，我们也要考虑满足孩子的需要，寻找另外的办法，如，请孩子自己找同学帮忙摆好桌椅，等等。

这种语言的转变，把对孩子的行为以对错好坏区分的语言切换成基于需要的语言，这对不习惯这样表达的我们来说并不容易，因为我们从小受到的教育往往是基于道德评判的。我们唯有从体会彼此的感受，关注彼此的需要出发，我们才能用一种充满理解和尊重的方式相互沟通，才能出于内心的欢喜和对彼此的关心做事，从而远离惩罚、指责等强迫手段，使生活更多美好与温馨。

倾听生命的吟唱

你懂倾听吗？当我这么提问你时，你会不会怒从心头起？倾听，不就是听人说话吗？我打在妈妈肚子里就听人说话了，我还不会？！

（一）

请别着急上火，让我们看一个关于倾听的经典小故事：

美国知名主持人林克莱特访问一名小朋友，问他说："你长大后想要做什么呀？"小朋友天真地回答："嗯……我要当飞机的驾驶员！"林克莱特接着问："如果有一天，你的飞机飞到太平洋上空所有引擎都熄火了，你会怎么办？"小朋友想了想："我会先告诉坐在飞机上的人绑好安全带，然后我挂上我的降落伞跳出去。"当在场的观众笑得东倒西歪时，林克莱特继续注视着这孩子，想看他是不是自作聪明的家伙。没想到，接着孩子的两行热泪夺眶而出，这才使得林克莱特发觉这孩子的悲悯之心远非笔墨所能形容。于是林克莱特问他说："为什么你要这么做？"孩子的回答是："我要去拿燃料，我还要回来!!!"

同样是听小男孩说话，林克莱特懂得倾听，听到了孩子的心声；那些笑得东倒西歪的观众当然也在听小男孩说话，但他们听到的只是自己的笑声。很多时候，我们以为倾听就像呼吸一样，是一个人生下来就会的。我们打从娘肚子里出来甚至在娘肚子里就在倾听了，如果说还不会倾听似乎有点说不过去。但真实的情况是，我们对自己所具备的倾听能力的认知通常和我们真正拥有的倾听能力是不符合的。有学者认为，在倾听、说话、阅读、书写等沟通活动中，倾听是人们在沟通中最常使用的类型，就与人建立关系本身而言，倾听与说话

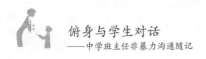
具有同等重要的地位。而且我们对于关系品质的满足感，更多的是来自于被倾听和被理解。倾听最常使用，最需学习，但总被忽视。师生的沟通交流常常不畅通，会因这样那样的原因而被指责不懂倾听，误入了倾听的歧途。

（二）

在倾听中可能陷入怎样的误区呢？

请看一段对话：

生：老师，这次考试我又考得不理想……

师：唉，你一直是一个马大哈，马虎惯了。

生：（有点恼火）我虽有马虎的毛病，但在这次考试中，我是很认真细致地做的。你不要还没听我说几句话就妄下结论好不好？

师：那你说没考好是什么原因呢？

生：我发现很多基础知识没有掌握牢固。

师：说了吧，你不是马虎，就是基础不好

生欲言又止。

师：平时学习不认真，考试时见分晓了吧？

学生想说点什么，被老师制止了。

师：学习认真点，做题细心点，你还是可以考好的。

说完，老师拿起了办公桌上还没改完的作业。

生：老师，这段时间我觉得自己蛮认真的，可是成绩不见起色……

只见老师放下作业本，面露愠色地张大了嘴巴……

从这一段对话中，我们可以看出倾听中的几个问题。

1. 先入为主。老师说，你是个马大哈，此时学生为什么有点恼火，老师明显先入为主，在没有清楚学生这次考得不理想的最根本的原因前就武断地批评学生，过早地做了评判。为了倾听他人，我们需要先放下已有的想法和判断。

我们无法停留在过去，也无法预见我们的反应，我们需要的是不带成见地倾听对方。

2. 总说不听。在不多的几个交流回合中，老师几次制止孩子说话。这更使他无法了解孩子没考好的真正原因，因而师生间难以有言语的交集，虽有对话，却没能很好地沟通。季诺曾说："我们一生下就有两个耳朵，但却只有一个嘴巴，就是为了要让我们可以多听而少说。"如果我们的目的是要了解学生的意思和想法，那么就要避免抢夺对方说话的权利和机会，而一味地发表自己的想法和看法。

3. 不能持续关注。学生特意来找老师，可是老师似乎惦记着没改完的作业。这时，希望从老师这里得到理解、安慰和帮助的孩子会怎么想呢。也许我们有很多不能继续倾听下去的理由，外在环境的干扰，比如突然来电话了，同事来询问某个事情，内在心理的难控，比如心里装着其他事情，觉得没什么好交流的了，听我的就好，不必废话等等。但我们还是得尽可能排除所有会让我们分心的内在和外在的干扰刺激，保持对学生的持续关注，尽可能帮助到孩子，直至他离开。

4. 不能体会感受和需要

又一次考得不理想的学生来找老师，他的感受和需要是什么，是来接受老师的评判，是来聆听老师的批评，还是来听取老师的建议？就算我们的评判、批评和建议都没错，此时此刻因考试成绩不理想而难过的学生听得进去吗，能够心悦诚服地接受老师的建议和批评吗？答案一定是否定的。当学生正难过的时候，我们的建议、说教、否定、纠正、批评等等都是不起作用的。此时此刻最好的倾听就是体会学生的感受和需要。"这次考试又没考好，你是不是有点难过？""你很看重这次的考试成绩，你觉得这段时间你很努力了？""你很希望成绩越来越进步，需要老师指点迷津？"这些话语，是专注于学生的感受和需要的话语，当我们在对话中以问句的方式去体会学生可能有的感受与需要，学生心中一定会涌起一股暖流。

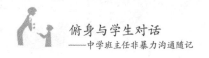
（三）

是不是注意到了以上影响倾听的问题就是一个很好的倾听者了呢？我们怎么知道我们很好地倾听到了学生？这在于学生说话时我们的回应方式——当他说话时你的眼神与他接触且不时点头示意，当他说到很重要的内容时你保持专注良久，当他说到某些不可思议的事情时你会发出惊叹，当他伤心难过时你能给予同理与支持，当他向你请教时你能适时给出建议和想法……如果当学生表示焦虑害怕伤心难过之时，我们回应的是询问安慰甚至指责，结果自是费力不讨好。当学生只是想让老师了解他的处境，此时只需老师对他的同理，如果听到的是不解与否定，学生就会很不舒服。好的倾听不只是用心地听，还包括对对方的得体回应。

我们该如何回应学生呢？

我们倾听学生，要与学生的感受和想法建立同理连接。这种同理，不是头脑的理解，不是智力上的明白，不是坐在那里去分析他们，而是对心的理解，看到对方的美，看到对方内在鲜活的生命。

1. 借力使力。

很多的时候，我们不能或无法帮学生做决定，我们最好借力使力，使用一些沉默和简短的话语来鼓舞学生多说一些话，顺水推舟地让学生自己继续话题，让学生借由这个过程自己协助自己解决问题。请看看下面这个例子：

学生：我想学习，可是坐下来却集中不了注意力。东想西想中，时间一点点过去了，四下里看到其他同学都在奋笔疾书，又会强迫自己专注学习。

老师：嗯，你很想改变这种局面？

学生：是啊。当作业较多且被课代表催着要交的时候，我做题的效率要高很多。

老师：（微笑着）哦

学生：这可能是目标驱使吧，所谓有压力才会有动力。

老师：有压力？

学生：如果迟交或不交老师很大可能会找我面谈（我不希望和老师面谈）我会很有压力，课代表一催我就会紧张起来，效率就高了很多。

老师：（连续地点头）哦

学生：我想我需要自己催促自己，给自己写个小纸条，纸条上写：数学作业晚一下课交；语文作业晚二下课交……把纸条贴在课桌上，随时看得见。这会是一个好主意。

老师：我也觉得这会是个好主意，可以尝试一下。

在这个对话中，你会发现，老师没回应多少话，只是微笑，点头，用简短的话语鼓励学生探索他自己内心的感受和想法，最后学生自己找到了可行的办法。很多时候，我们在学生面前，其实不用做太多，我们沉默的存在就是一个让学生自己寻找答案的催化剂。有一句佛教格言说：站在那里，不用做什么。也表达了这种"沉默"的力量。

2. 释义式回应。

我们的回应要与学生的感受和需要准确对接，不是一件容易的事。释义式回应强调用自己的措词去重述对方的观点，在重述中，能再一次对信息进行交叉检视，以确保我们没有表错情，达错意。

学生：学校天天把我们关在教室里学习真是一件令人难受的事。

老师：你难受，是因为学校每天安排那么多节课，老师又布置那么多作业，每天学业繁忙，学习效果又不好，对吗？

老师试着体会学生的感受，改变了学生的措词，一般说来能很好地对焦；即使没说到点上，话语里所蕴含的老师的真诚与亲切，也不会让学生反感，同时也可以让学生及时修正。除此，我们也可以从学生那所接收到的信息当中提取一个关键词，来向学生说明你所了解的程度。如：

学生：我真不想理王老师了，她昨天课堂上做的事太让我难堪了。

老师：你觉得王老师不该在课堂上开那个玩笑，让你觉得很难为情，是吗？

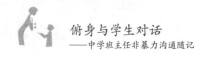

　　当然，有时学生会闪烁其词，在他的话语中有一些暗喻性的话忽隐忽现，我们抓住学生的潜在寓意回应就很有必要。如：

　　老师：刚才你几次提到了你的这位高一同学，听起来好像这位同学给你带来了一些困扰，是吗？

　　老师抓住学生话语中的关键信息和隐含信息，做如上猜测，如正中下怀，问题的解决就容易多了。

　　良好的沟通并不是一件容易的事，释义式回应帮助我们确认自己是否了解了学生所说的话语，这是一个很好的回应技巧。但这种确认，如果只是单纯地重复对方说过的每个字，会觉得有点幼稚和呆板，达不到澄清对方意思的目的。我们可从下面的示例中看到鹦鹉学舌与释义式回应之间的差别。

　　学生：我也想去参加烧烤活动，可是我怕影响学习。

　　师鹦鹉式回应：你说你想去，可是你又担心影响学习。

　　师释义式回应：这个周末因为有烧烤活动我们的作业量减少了一些，如果我们确保你参加烧烤活动后有充足的时间来完成所有作业，即使没完成也不问责，你就会参加烧烤活动了，是吗？

　　避免鹦鹉学舌，释义式回应能帮助我们把话说到学生的心坎上，拉近与学生的距离，是一种很有价值的回应方式。

　　3. 支持性回应。

　　支持是表达同理、关心、照顾，发乎真情、出于兴趣。在面对困难时，支持的价值是显而易见的。

　　美国诗人谢尔·希尔弗斯坦有一首小诗《孩子和老人》，很好地表达了支持性回应：

　　孩子说："有时我会把勺子掉到地上。"

　　老人说："我也一样。"

　　孩子悄悄地说："我尿裤子。"

老人笑了："我也是。"

孩子又说："我总是哭鼻子。"

老人点点头："我也如此。"

"最糟糕的是，"孩子说，"大人们对我从不注意。"

这时候他感到那手又暖又皱。老人说："我明白你的意思。"

老人短短的回应给了孩子莫大的支持。哪怕我们作为局外人读到这首小诗，内心也洋溢着温暖和幸福。

老师的理解和支持对学生的意义重大。尤其是当学生倍感压力和沮丧时，老师的同理、同意、赞美、帮助等会让学生倍受鼓舞，释放压力，恢复信心。

对不同个性的孩子给予的支持性的回应是各不相同的。

胆小缺乏自信的孩子宜用鼓励、赞赏、激励性的语言回应，如"我觉得你行，相信我"，以帮助他树立信心、鼓起勇气；对个性较强自控力较弱的孩子宜用启发、假设、判断式的语言回应，特别是他有什么地方做得不够好，我们也不要急于用强制、指责的方式处理，而是用"你觉得这样做可以吗？"等启发、假设、判断式的语言引导他发现、认识自己的错误。对依赖性较强的孩子宜用疑问、反问式的语言鼓励他们独立思考。如"你不觉得你一个人完全可以胜任这个工作吗？"，引导孩子面对问题，独当一面。对挫折感较强的孩子宜用建议式的语言加以支持，如"来，再试一次，老师为你加油"，让他们在建议式的支持性语言中获取力量和勇气，从而更有信心地去面对挑战。

人人都有倾听和被倾听的需要。在当下，所谓教育中的"关键事件""生命成长中的重要他人"等，往往都与倾听相关。作为班主任，我们要努力培养倾听的敏感和意识，锻炼倾听的能力，养成倾听的习惯，倾听心灵的诉求，倾听生命的吟唱，听到每一个孩子最内在的需要。因为好老师不是用什么所谓的方法与学生保持良好的关系，而是用耳朵用心灵用全身心倾听学生。

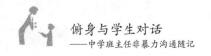

慢慢来

有一首《牵一只蜗牛去散步》的小诗，大意是：起初，我以为上帝的意思是让我牵一只蜗牛去散步。我催它，我唬它，我责备它，我拉它，我扯它，甚至想踢它；后来，我跟上蜗牛的节奏和步伐，让蜗牛牵着我散步，我闻到了花香，我听到了鸟叫，我听到了虫鸣，我感受到了微风，我还看到了满天亮丽的星斗！

要学习和实践非暴力沟通，要收获教育沿途的美景，同样需要，慢慢来。

（一）

我们想制止的，我们在示范吗？如果是，请慢慢来。

当学生相互指责争吵时，我们常常是厉声斥责吗？

当学生嘲笑他人时，我们是不是也会语带讥讽？

当学生对他人武力相向时，我们是不是也会挥舞起我们的拳头？

有这样一个故事：

一次，卢森堡博士去拜访一位校长，校长看到操场上的一个大男孩正在殴打一个小男孩，校长立马从办公室跑到操场上，揍了大男孩一顿，并严厉批评了他。回到办公室后，校长说："我教那个家伙不要欺负比自己小的孩子。"卢森堡博士说："是吗？可是我觉得你是在告诉他，不要在你在场的时候去欺负别人。"校长没有意识到，他本想制止再次发生的事情，却在用自己的行动亲自示范。细想，和这位校长言行相似的做法，在我们当今的教育现实中还真是相当的普遍。面对常常发生的同学之间的嘲笑、戏弄、欺凌等攻击性行为，老师所做的往往是以其人之道还治其身，结果，无意中支持并营造了充满敌意和暴力的环境。很多时候，我们甚至不知道正是因为自己的推波助澜，才造成了种种欺凌现象。对此，我们气馁，我们不知所措，我们不知道自己应该怎么做才能改变这种现象。

慢慢来，让我们在心里对自己说。然后我们细细地揣摩，这个孩子这样做，一定有一个重要的理由吧？他是被挑衅了吗？是被误解了吗？或是虚张声势吗？他因此而非常难受气愤吗？他需要发泄他心中的怒气吗？当我们心中并非只有"这个孩子怎么可以这样"的想法时，当我们能设身处地地思考孩子行为背后的感受和需要时，我们才可能以正确的方式制止孩子，并在有效制止孩子的同时保持内在的平和。当我们制止了孩子，又安顿好了自己的心情后，我们再与这个孩子交流，才比较容易进入孩子的内心世界，才能明白他的逻辑与想法，当他感到被理解和接纳之后，我们才有机会看到事情的真相并引导孩子改变自己的行为。

再次问问自己，我们想制止的，我们在示范吗？如果是，请慢慢来。

（二）

你常常践行的是"己所欲，施于人"，还是"人所不欲，勿施于人"，如果是前者，请慢慢来。

也许我们都明白"己所不欲，勿施于人"的道理，但对于"己所欲，施于人"这样的想法也许认为很不错。然而有两点我们必须清楚，其一，如果你所欲并非学生所需，"己所欲，施于人"就可能好心办了坏事。你觉得某道题学生没听懂，你想要给他重新讲一遍，可是他觉得他听懂了，执意不要听你再次讲解；你要求某位学生上课时认真听课，可是这个孩子觉得自己实在困得不行了，得在课桌上趴一会；你觉得周末孩子应抓紧分分秒秒的时间学习，他觉得周末得有必要的放松，休息好才能学习好……一旦我们用自己的主观意识来判断事情，把我们的立场（想法）强加给孩子时，于孩子而言，是一种不合理的给予，孩子就会沉默不语，面露无奈或是不屑，无声地抗拒甚至强烈地反抗，往往于事无补，于情有伤。其二，即使你所欲即孩子所需，"己所欲，施于人"也可能是一种破坏性的滋养。相较于刻苦努力获得回报，一个人往往倾向于毫不费力，唾手可得。我们以举手之劳满足了孩子，却可能破坏了孩子很多宝贵的尝试。孩子努力尝试达成目标满足自己的过程自是艰难的受挫的过程，但战胜艰难困苦、战胜挫折的过程，自己达成目标的过程，会增加他的自我效能感，会增强自我的信心和力量。如果我们很容易地让孩子们的所需得到了满足，这对孩子来说有时也是蛮糟糕的事情。

在不合理的给予和破坏性的滋养的背后，尽管动机多种多样，但都有一个共同的特征：我们作为给予者，很多时候是在以爱作为幌子，只是满足了自己的需要，而没有把对方的感受和需要放在心上。

人所不欲，勿施于人。面对同一个事情，每个人都有不同的感觉和经验，每个人的经验都只能作为参照，而不能强行给对方。每个人生命的价值是不一样的。你要那样活，我不一定要那样活；你要做那样的生命选择，我不一定要做那样的生命选择。我们一定要尊重孩子，让他们自己思考判断。我们不要给他最好的东西，而要帮助他如何获得最好的东西。你给他的最好的东西，那是你的；在你的帮助下他所获得的，那才是他的。师爱如果没能体现对学生成长过程的尊重，人所不欲，强施于人，就是一种暴力。

因此，一事当前，我们给自己一点时间，首先问"孩子需要什么？"紧接着是"我们怎样满足孩子这些需求？"如果我们以此为出发点，那么我们得到的结果将极大地满足师生双方的需要。

慢慢来，试着以孩子的需要为思考点，己所欲，慎施于人，人所不欲，勿施于人。

（三）

当学生没有做成你想要他做成的事时，你会难过、生气吗？如果你的回答是"会"，那么，请慢慢来。

首先请让我们一起读一读马歇尔·卢森堡一首小诗：

布拉特的心声

在我的印象中

如果没照你说的去做

你就会不尊重我

如果我知道

你并不想使唤我

在你叫我时

我会乐于回应你

如果你高高在上

像个盛气凌人的老板

你将会发现

你一头撞在了墙上

当你反复提醒我

你为我做的各种事

你最好准备再次碰壁

你可以大声抱怨、责骂

但我仍不会去倒垃圾

即使你现在改变了方式

我也需要时间忘记不快

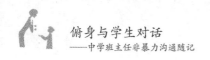
布拉特是马歇尔的儿子，在马歇尔了解到布拉特心声之前，父子俩几乎每天都会为倒垃圾而展开大战。因此才有布拉特的心声。

小诗的内容，是否引起了我们的共鸣？

我们总是习惯于提出要求或命令，习惯于孩子按照我们的要求迅速行动，如果没有如愿，我们总是忍不住评判、指责、要挟、强迫、惩罚以达成我们的目的。很多时候，迫于我们的权威，虽然达到了目的，但破坏了彼此的关系，使自己与他人走向疏远，我们自己也许也会开始批评自己的这些行为。这就促成了"双重的隔阂"——我们不仅和他人疏远了，而且还和自己疏远了。这样的强迫，阻碍甚至危害了孩子的成长，更有甚者，孩子可能自暴自弃，且弃之有理：我之所以浪费人生，是因为我很少觉得，这个人生是我的；我当然知道，这是我的人生，但我更觉得，这个人生不归我管。

我们当然希望拥有和谐的师生关系，至少孩子不要自暴自弃，那么，除了放任不管，强迫行动之外，是否有第三个方法？有的。那就是创造使每个人的需要都得到满足的必不可少的优质联系。当我们有意识地不强迫他人做我们想要的事情，而是彼此尊重，互相关心、让双方都认识到他们的需要非常重要时，那些看起来难解的矛盾或纠纷就容易解决了。基于相互信任和彼此尊重，敞开胸怀，倾听彼此，相互学习，相互给予。即使是在妨碍联系的交流中，我们也可以找到有价值的线索，来提醒我们自己内心的需要以及如何重建联系。

（四）

人要在外面到处漂流，

最后才能走到最深的内殿。

我的眼睛向空阔处四望，

最后才合上眼说：

"你原来在这里！"

泰戈尔《吉檀迦利》中的几节诗道出了慢慢来的奥秘。

也许极近，却是很远；貌似简单，其实艰难；望向外面，才能深入内里……

一切的一切得慢慢来。

一步一个台阶，我们慢慢来；

把握自己的节奏，我们慢慢来；

好事可能多磨，我们慢慢来；

调整好自己的状态，我们慢慢来；

哪怕走得很稳健，请慢慢来；

或许看起来已慢半拍，也请慢慢来。

我们想要的全都在，

慢——慢——来——

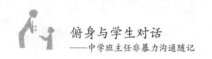
<h1>后　记</h1>

当我把非暴力沟通的个案、班会和心得汇总成篇，呈现在自己面前的时候，我的心中涌动着这样一种情感：感恩。

首先，我很感恩我的学生，我的K351班的学生。这一个班的孩子，人人阅读《非暴力沟通》，个个实践非暴力沟通，分小组开展非暴力沟通班会活动。也许一开始只是出于我的要求，但之后不久他们就乐在其中，并以工匠般的精神做好每一个活动，活动的细节深深地润泽了彼此的心灵。最终他们有了这样的体会："真正有趣的使人生丰盈的生活方式是——为自我和他人的快乐幸福做点什么。"感恩孩子们带给我的这份幸福感。

其次，我也很感恩我的团队，第二届第一批长沙市德育（班主任）特色工作室的骨干班主任们。因为你们的支持，我才有勇气选定这一在班主任研究领域还鲜有人深入思考的课题；因为彼此的合作，我们才得以走得更远——将非暴力沟通从理念到实践进行了有益而深入的思考探索；而大家对我的帮助，更是不断启发我广泛阅读相关书籍，不断实践非暴力沟通的理念，使我的内心变得越来越柔软，外在的言行举止也有了很好的改变。感恩我的队友，谢谢你们！

当然，我还特别感谢湖南师大出版社的刘苏华老师和赵婧男老师，没有两位老师的主动邀约、积极策划和编辑指导，就没有这本书的问世；我也特别感谢学校领导、我的家人、朋友对我的支持和帮助，谢谢你们！

思考、研究非暴力沟通的日子，是我人生中一段充实而有意义的时光，感谢生命赐予我的这份奖赏。